大萧条
1929—1933

[英] 凯瑟琳·马什 编著
毕元辉 刘也铭 译

中国画报出版社·北京

图书在版编目（CIP）数据

大萧条：1929—1933 /（英）凯瑟琳·马什编著；
毕元辉，刘也铭译. -- 北京：中国画报出版社，2020.9（2024.7重印）
（萤火虫书系）
书名原文：ALL ABOUT HISTORY:THE GREAT DEPRESSION
ISBN 978-7-5146-1934-8

Ⅰ.①大… Ⅱ.①凯…②毕…③刘… Ⅲ.①经济史－研究－美国－1929-1933 Ⅳ.①F171.295.1

中国版本图书馆CIP数据核字(2020)第154474号

Articles in this issue are translated or reproduced from All About History: The Great Depression, First Edition and are the copyright of or licensed to Future Publishing Limited, a Future plc group company, UK 2019. Used under licence. All rights reserved. All About History is the trademark of or licensed to Future Publishing Limited. Used under licence.

北京市版权局著作权合同登记号：图字01-2020-3977

大萧条：1929—1933

[英] 凯瑟琳·马什 编著　毕元辉　刘也铭 译

出 版 人：于九涛
审　　校：崔学森
选题策划：赵清清
责任编辑：郭翠青
责任印制：焦　洋
营销主管：穆　爽

出版发行：中国画报出版社
地　　址：中国北京市海淀区车公庄西路33号　邮编：100048
发 行 部：010-88417418　010-68414683（传真）
总编室兼传真：010-88417359　版权部：010-88417359

开　　本：16开（787mm×1092mm）
印　　张：11.25
字　　数：240千字
版　　次：2020年10月第1版　2024年7月第6次印刷
印　　刷：三河市金兆印刷装订有限公司
书　　号：ISBN 978-7-5146-1934-8
定　　价：68.00元

大萧条

1929年10月24日,美国遭受了灾难性打击。不是因为炸弹袭击,也不是因为自然灾害——尽管两者在接下来的15年里都发生了——而是因为至今为止全球最大规模的股市崩盘。就是在这个"黑色星期四",大萧条开始了。

《大萧条》揭示了美国经济崩溃的原因,探究大萧条是如何撕开了"咆哮的20世纪20年代",进而将美国社会区别为颓废社会和享乐社会的;探究那些试图阻止这场灾难的关键人物,以及他们的努力为何化为徒劳;探究华尔街危机如何让德国臭名昭著的法西斯独裁者崛起,以及我们今天是如何记述这段历史的。

目录

6　　大萧条大事记

咆哮的20世纪20年代

12　　战后世界
18　　咆哮的20世纪20年代
30　　吹牛指南：禁酒令
32　　地下酒吧
42　　洛杉矶的崛起
50　　卡尔文·柯立芝
54　　伟大时代的最后岁月

崩溃

62　　黑暗岁月
70　　什么导致了大萧条？
80　　《斯穆特-霍利关税法案》
84　　银行恐慌
90　　《格拉斯-斯蒂格尔法案》

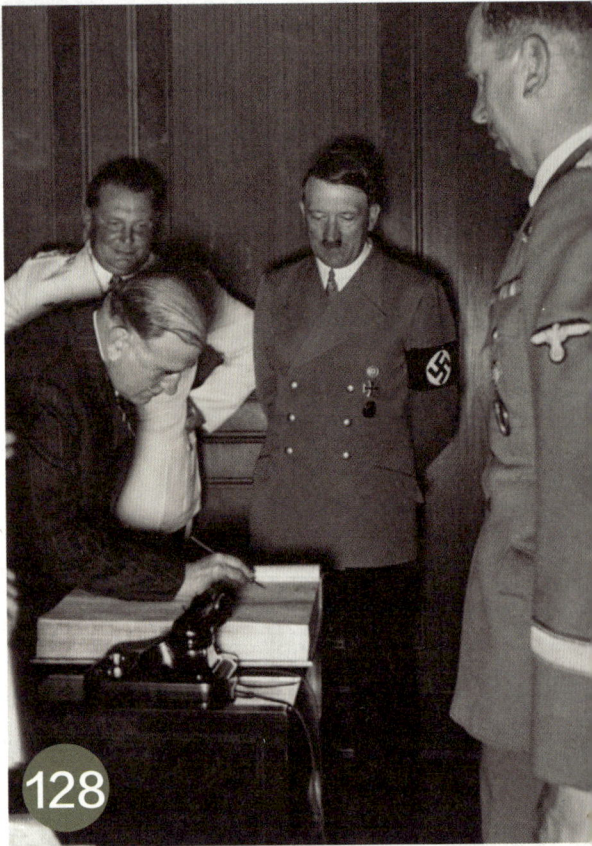

128

102

96　　吹牛指南：新政
98　　生活还在继续
104　　萧条与异见
114　　英国和大萧条
120　　经济衰退催生了独裁者
128　　艰难无处不在

余波

138　　美国头号通缉犯
150　　日益松绑的禁酒
156　　美国荒漠
166　　"二战"的影响
172　　反思

大萧条大事记

黑色星期四
1929年10月24日

1929年10月倒数第二个星期四,是纽约证券交易所破纪录的一天。开市铃声一响,股价暴跌,几分钟内下跌11%。银行家们试图通过买进股票来安抚股民,导致股市在午后和第二天出现短暂反弹,但这只是暂时的解决办法。重新开市时,惊慌失措的金融家们试图从正在贬值的投资中挽回一点儿损失。散户股民的财富在几次交易后蒸发殆尽。失去资产的银行可供信贷量减少,面临资不抵债。工人失业,给经济带来更大的压力。美国陷入经济衰退的恶性循环,其影响将遍及全球。

▲ 在历史性的金融危机期间,人们聚集在纽约证券交易所外

《斯穆特-霍利关税法案》
1930年6月17日

为保护就业和使农民免受外国竞争,美国国会希望提高两万多种商品的关税。但贸易保护主义的措施导致美国国际贸易量下降一半,加剧了新衰退。

1929

黑色星期二
1929年10月29日

华尔街股市崩盘达到峰值,单日交易量达到1600万股,两天内股市收盘损失300亿美元。

1930

◀ 众议员威利斯·C.霍利和参议员里德·斯穆特认为,保护主义立场能够拯救美国经济,但他们错了

银行危机袭击纽约
1930年12月10日

在华尔街股市崩盘之际,美国第28大银行——纽约美国银行的主席匆忙写了一封信,向股东们保证,美国银行的财务状况良好,但股民们并未收到这条信息。一年多以后,银行破产的传言导致人们在布朗克斯的一家分行外等待几个小时,排队取钱。当天营业结束时,银行库存资金减少了200万美元,董事们被迫接受银行破产的事实,并向州监管机构提出收回资金。在这场恐慌中,美国银行受害最大,损失严重,引发关注,仅12月份,全国各地就有300多家银行关闭。

▲ 赫伯特·胡佛认为，欧洲经济疲软是大萧条的主要原因，但他未能阻止金融危机的蔓延

▲ 在1931年大选后，拉姆齐·麦克唐纳成为由英国保守党组成的联盟的领导人，拥有500个多数席位

麦克唐纳组成国民政府
1931年8月24日

在英国经济下滑放缓之际，首相拉姆齐·麦克唐纳不情愿地前往白金汉宫递交辞呈，原因是工党内阁拒绝通过削减失业救济金来平衡预算。但英国国王乔治五世授意另外由自由党和保守党组成的国民政府，麦克唐纳继续主政唐宁街四年，带领英国挺过了大萧条最严重的时期，而他也因此被工党指责为叛徒。工党的指责是无效的，因为工党在当年10月的大选中惨败，失去了下议院287个席位中的235个。

胡佛延债宣言
1931年6月20日

美国总统赫伯特·胡佛看到经济萧条蔓延到欧洲，希望通过暂停偿还德国战争赔款和盟国战争债务的办法，将欧洲危机扼杀在萌芽状态中。尽管美国和法国反对，但这个充满争议的想法还是被采纳了。许多美国人不希望美国在经济萧条之际救助欧洲，法国人也反对对德国宽大处理，但这个计划也未能阻止金融危机的加深。不到一个月，德国的达纳银行（Danatbank）倒闭了，导致客户纷纷向其他银行挤兑，德国正处于经济浩劫的边缘。

◀ "胡德号"是皇家海军舰艇之一，因减薪而罢工，这在伦敦证券交易所引起了恐慌，英镑遭到挤兑

1931

奥地利银行的破产
1931年5月11日

奥地利最大的商业银行奥地利信贷银行破产，在整个欧洲引发了一连串的破产，并在美国引发了第二波银行业危机。尽管奥地利信贷银行最终得到救助，但1.4亿多先令的存款还是消失了。

因弗戈登兵变
1931年9月15日

在苏格兰因弗戈登港的皇家海军舰艇上的船员从报纸上得知，削减公共开支意味着薪水即将削减，于是拒绝服从命令，并举行了为期两天的罢工。

▲ 这里曾是奥地利维也纳联合国信贷银行的总部。这家银行的倒闭引发了欧洲和美国的金融灾难

▲ 大萧条摧毁了智利的经济，也结束了智利总统的政治生涯

智利总统伊巴涅斯逃离智利
1931年7月26日

由于严重依赖原材料出口，智利受世界经济危机打击严重。由此引发的内乱非常严重，总统卡洛斯·伊巴涅斯·德尔·坎波辞职逃往阿根廷，结束了短短18个月的任期。

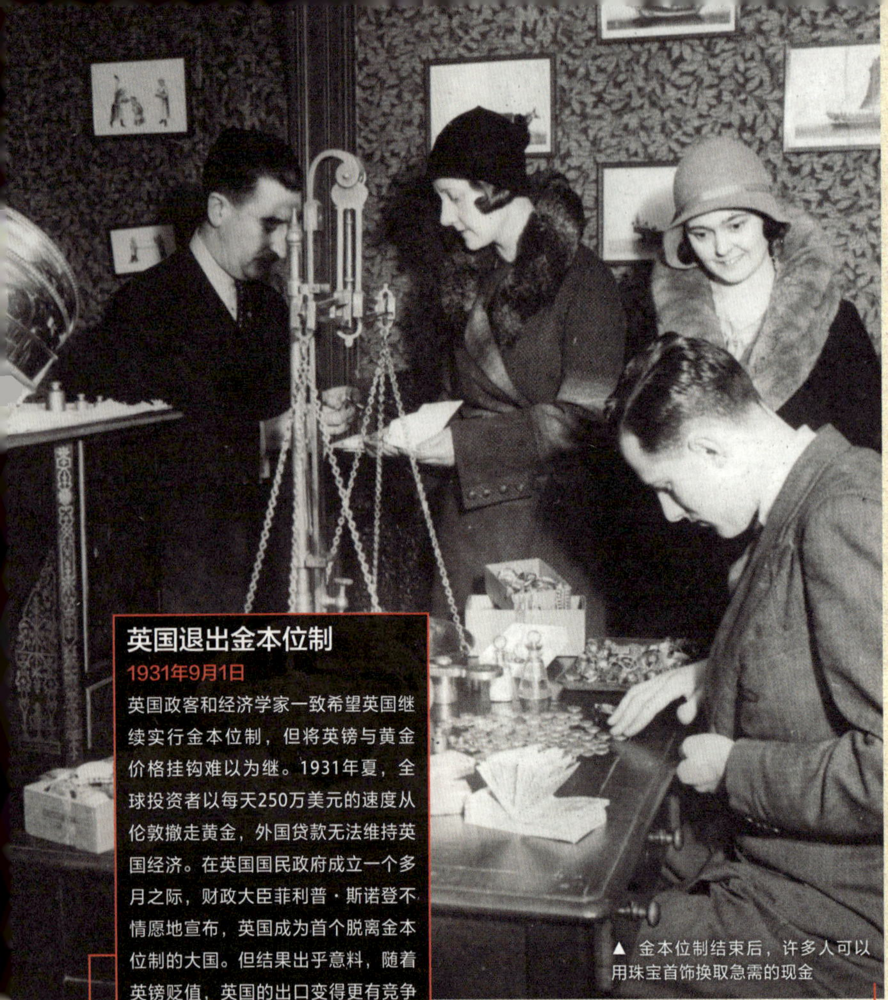

酬恤金军团冲突
1932年7月28日

在华盛顿特区外一个简陋的营地里，人们的情绪被激怒了。在那里，第一次世界大战退伍军人在失业后要求立即支付政府许诺的酬恤金（原定于1945年领取）。政府命令驱散了由17000名退伍军人、26000名军人的妻子、孩子和其他支持者组成的队伍，酬恤金军团与警察及由参谋长道格拉斯·麦克阿瑟指挥的军队在街上对峙。警察开枪打死了两名抗议者，酬恤金军团的队伍被驱散，总统胡佛对此事未予理会。街上游行军团的庇护所和物品被烧毁，人们对总统胡佛的不满情绪在高涨。11月，胡佛在总统大选中遭遇惨败。

英国退出金本位制
1931年9月1日

英国政客和经济学家一致希望英国继续实行金本位制，但将英镑与黄金价格挂钩难以为继。1931年夏，全球投资者以每天250万美元的速度从伦敦撤走黄金，外国贷款无法维持英国经济。在英国国民政府成立一个多月之际，财政大臣菲利普·斯诺登不情愿地宣布，英国成为首个脱离金本位制的大国。但结果出乎意料，随着英镑贬值，英国的出口变得更有竞争力，政府可以自由地采取刺激经济逐步复苏的货币政策。对于英国和其他效仿英国放弃金本位制的国家来说，大萧条最糟糕的时期已经过去。

▲ 金本位制结束后，许多人可以用珠宝首饰换取急需的现金

▲ 6辆坦克和1000名士兵参加了反对酬恤金军团的行动

1932 · 1933 · 1934

华尔街股市跌至最低值
1932年7月8日

纽约证券交易所以20世纪以来的最低点关门，结束了华尔街股市崩盘以来连续三年的下跌趋势。自1929年10月以来，华尔街股价下跌了89%。

希特勒被任命为总理
1933年1月30日

德国失业率达到30%，陷入困境的选民纷纷转向支持纳粹党，使之成为德国国会第一大党。尽管许多温和派人士心存疑虑，但有争议的纳粹党领导人阿道夫·希特勒还是被任命为总理。

命名"大萧条"
1934年6月15日

英国经济学家莱昂内尔·罗宾斯出版的大部头著作——《大萧条》命名了20世纪30年代。在此之前，美国总统胡佛曾提出，将之命名为"大萧条"听起来比"恐慌"或"危机"更合适。

百日新政
1933年3月4日

新总统富兰克林·罗斯福入主美国白宫，开始了他四届总统任期中的第一届。他雷厉风行，接连颁布了13项主要法律，这一时期后来被罗斯福称为"百日新政"。罗斯福新政旨在建立一项贫困支持体系，通过增加公共开支缓解就业压力。到7月为止，为创造非技术性工作岗位和提供贫困救济，"平民保护队"招募了25万名年轻工人，联邦紧急救济署向各州提供了5亿美元贷款。批评人士担心，罗斯福的公用开支计划正在把美国变成社会主义国家，但是新政确实帮助美国挺过了大萧条最严重的时期。

▲ 罗斯福签署了《田纳西河流域管理局法案》，旨在重新开发该地区，并提供就业机会

▲ 1935年，一场沙尘暴正逼近得克萨斯州的斯特拉特福

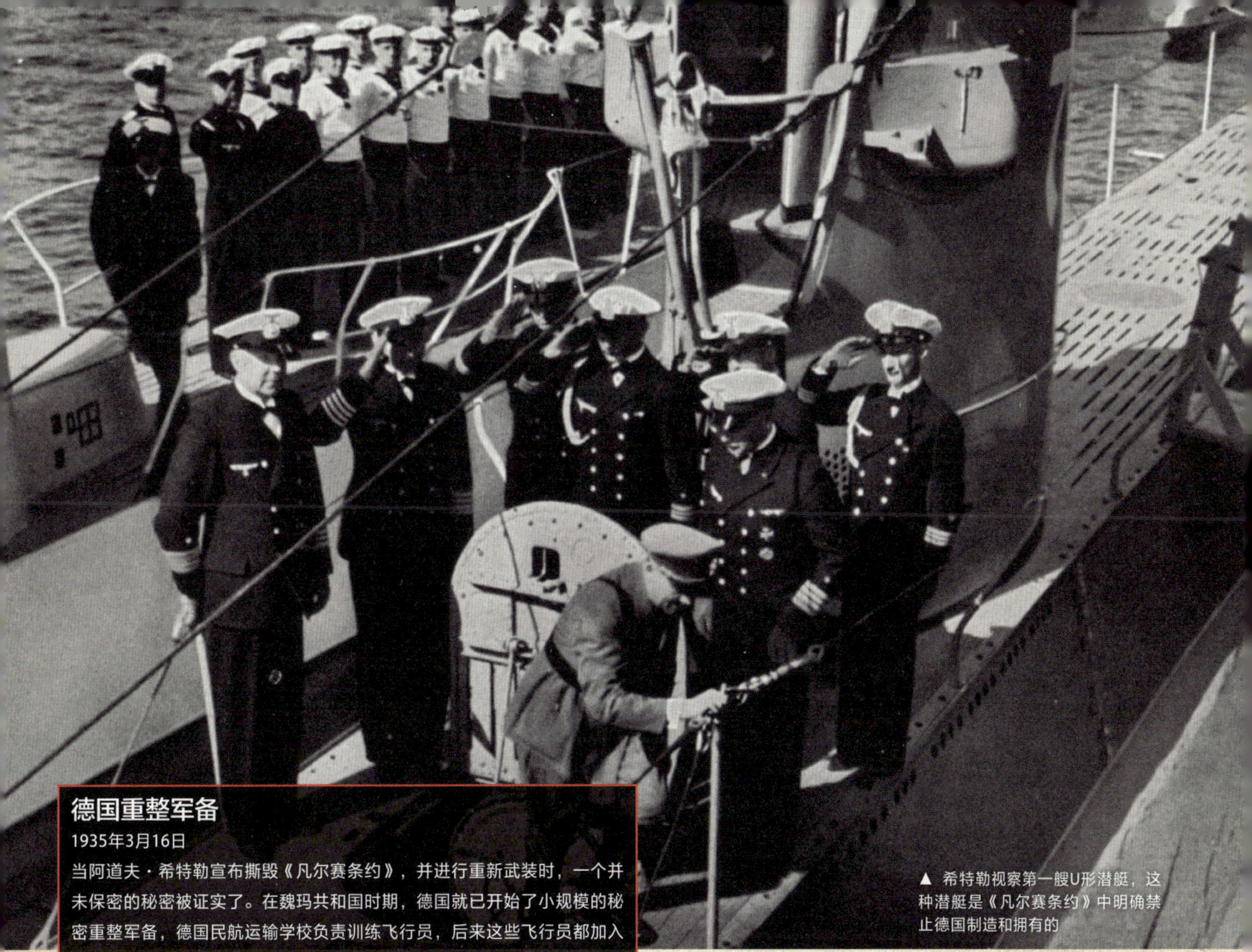

德国重整军备
1935年3月16日

当阿道夫·希特勒宣布撕毁《凡尔赛条约》，并进行重新武装时，一个并未保密的秘密被证实了。在魏玛共和国时期，德国就已开始了小规模的秘密重整军备，德国民航运输学校负责训练飞行员，后来这些飞行员加入了德国空军，并大大提高了空军水平。为了从克虏伯这样的制造商手里购买武器，纳粹政权成立了皮包公司。一旦公开重整军备，工厂就开始大量生产枪支、飞机和军舰，直到德国的军事力量控制欧洲。重整军备是国际紧张局势的不祥之兆，但却刺激了德国的消费和经济复苏。当英国和法国为对抗纳粹德国也开始重新武装时，其经济也得到了提振。

▲ 希特勒视察第一艘U形潜艇，这种潜艇是《凡尔赛条约》中明确禁止德国制造和拥有的

珍珠港被袭
1941年12月7日

欧洲战争的爆发使美国提高了军费开支，但直到日本偷袭珍珠港之后，美国的高失业率才结束。此后，美国的军火工业进入超速运转状态。

1935 — 1937 — 1941

病鸡事件
1935年5月27日

最高法院在"谢克特家禽公司诉合众国案"①中作出了具有里程碑意义的裁决，裁定作为新政主要内容的《全国工业复兴法》违反宪法。

◀ 20世纪30年代末，穷困潦倒的一家人沿着99号公路步行到圣地亚哥去找工作

沙尘暴
1935年4月14日

大萧条压榨了生活在美国大草原上的农民，使得20世纪30年代发生的生态变化给许多家庭以致命打击。经过几十年的深耕，原本固定土壤的原生草原被破坏，长时间的干旱使表层土变成尘土。1935年4月中旬，在美国南部大平原上，"黑色星期天"的风暴裹挟着大量尘土形成了巨大的沙尘云团，能见度降至零，遥远的纽约和首都华盛顿都覆盖了一层厚厚的灰尘。干旱的农田迫使大量人口迁移，超过100万贫穷的"俄克拉何马州人"（代指迁徙的农民，因为这些移民约有1/5来自俄克拉何马州）来到加利福尼亚州寻找工作。

罗斯福衰退
1937年5月

1936年，富兰克林·罗斯福轻松连任总统，美国经济似乎即将恢复正常。但1937年5月，一场突如其来的衰退使美国财政再次陷入赤字。形势虽然不像华尔街股市崩盘后的经济衰退那般严峻，但随着失业率和制造业水平重新回到1934年的水平，罗斯福新政带来的利好化为乌有。为说服人们投共和党的票，罗斯福将经济急剧下滑的原因归咎于大企业，甚至暗示垄断企业故意将美国经济拉至衰退。同时，为刺激经济再次好转，政府启动了另一项大规模支出计划。

---

① 谢克特家禽公司诉合众国案，联邦政府曾起诉其违反工业复兴法，指控其犯有包括"出售病鸡"等60多项罪名。此案后被上诉到最高法院，最高法院最终判决"工业复兴法"违宪。这是罗斯福执政期间无数因违反新政期间制定的相关法律而引起的诉讼之一。此案扳倒了罗斯福最钟爱的法律《全国工业复兴法》。——译者注

咆哮的20世纪20年代

- 12　战后世界
- 18　咆哮的20世纪20年代
- 30　吹牛指南：禁酒令
- 32　地下酒吧
- 42　洛杉矶的崛起
- 50　卡尔文·柯立芝
- 54　伟大时代的最后岁月

▲ 工人们正在位于诺廷汉姆郡的一家军需品工厂工作。战争期间，英国有许多这样的工厂

战后世界

第一次世界大战夺去了数百万人的生命,严重损害了世界经济——而且看不到半点儿复苏的迹象。

格雷斯·弗里曼 / 文

1918年的最后几周,一场改变世界的四年战争结束后,整个世界惶恐不安,支离破碎。这场被作家赫伯特·威尔斯称为"结束战争的战争"夺走了数百万人的生命,几乎完全抹掉了一代人,消耗了地球上大量的自然资源和人力资源。

尽管战争已结束,但直到6个多月后的1919年6月,和平条约才在凡尔赛宫熠熠生辉的镜厅里缔结。法国公众为《凡尔赛条约》的签署而欢欣鼓舞,这个损失最严重的国家希望将战争责任全部归咎于德国。英国在"一战"中所遭受的破坏要小一些,但是英国公众和其法国盟友一样渴望遣散德国军队。美国陶醉于战事的结束,致力于倡导和平和重建强大的欧洲(包括德国)经济。

《凡尔赛条约》中的对德条款尤为苛刻:德国2.5万平方英里①土地移交给盟军,大部分武装

① 1平方英里≈2.59平方千米。

▲ 因德国无法支付赔款，法国军队占领了德国鲁尔区达两年之久

部队被遣散，盟国要求德国为"侵略造成的所有损失"负责。美国第28任总统伍德罗·威尔逊大声疾呼，反对苛刻对待德国，英国首相戴维·劳合·乔治也在投票中反对占领德国领土。因其在促进和平方面的努力，威尔逊于1919年获得了诺贝尔和平奖。

为介入战争，美国政府进行了财政准备，提高了税收，并开始出售自由债券，宣传购买战争债券是爱国的表现。其目的有两个：一方面是为了赚钱，另一方面是鼓励公民在战争期间储蓄，而不是消费，从而抑制通货膨胀。债券发行时，国家承诺以特别利率向公众全额返还债券；到战争结束时，美国政府的债务已达250亿美元。

"一战"后，美国成为世界主导性的经济强国。美国虽然在1917年4月参战，但许多美国人仍然把"一战"完全看作欧洲的冲突，战后美国退出了国际事务，要求盟国全额偿还其贷款。虽然战后的许多国家无法偿还贷款，但美国的繁荣仍持续了44个月。政府债务从250亿美元减少到170亿美元，股市出现盈利增长，这被看作是"咆哮的20世纪20年代"的开始。然而，这种情况并没有持续下去，1929年华尔街股市的崩盘，标志着长达十年的大萧条已开始。

1914年到1918年，英国税收增加，经济生产几乎全部转移到军火工业上。虽然这对战争是必要的，但这意味着其他工业生产显著下降，"一战"中英国伤亡惨重，超过74.5万人死亡，170万人受伤。到1918年年底，大英帝国的战争支出超过700万英镑（不包括贷款和预付款），虽然德国将支付损失和赔偿，但英国还欠

许多美国人认为，"一战"完全是欧洲的冲突，盟国应全额偿还其贷款。

美国美元的抵押贷款。

起初，英国在战争结束后有一两年的短暂经济繁荣。由于私人资本投资于战后重建，航运和煤矿工业股票停牌四年后达到了暂时的顶峰，但这一切都太短暂了。战前，英国曾是世界上最大的资本输出国，但从1914年到1918年，英国的债务相当于其国民生产总值的136%；尽管英国在很大程度上没有受到物质上的破坏和军人复员的影响，但债务沉重，失业率居高不下，1921年失业率高达11.3%，是有史以来的最高纪录。

法国本土遭受了最严重的破坏，西线的大部分战事都发生在法国领土上。1918年11月的停战协定和1919年6月《凡尔赛条约》的签署带来的喜悦很快就消失了，国家百废待兴，令人绝望。尽管德国最终同意承担战后的重建资金，但仍有更紧迫的重建工作需要完成。得益于德国人民的资助（即所谓的"和平贷款"）和其他欧洲国家的捐赠，法国的修复工作开始了。

法国也是战争伤亡人数最多的国家之一，达115万人，战后可用于恢复和重建的劳动力数量锐减。数不清的城镇和农田在战争中被彻底摧毁，没有足够的人力和财力支持重建；到1919年，法郎贬值50%，法国最大的出口工业之一钢铁的产量也下降了50%。

法国的极右势力指责总理乔治·克里孟梭1919年签署《凡尔赛条约》时过于仁慈。1920年1月，克里孟梭辞职。经历了多年战乱后，整个法国都渴望不惜一切代价恢复经济繁荣。然而，从战时到和平时期的过渡比预期的要艰难得多，政府的干预成为实现经济增长和下一个十年顺利重建的关键。

由于《凡尔赛条约》强加给德国的苛刻条

▲ 在战后经济中，德国发行的1000万马克面值的纸币几乎一文不值

▲ 为了参战，美国向公众出售自由债券

件，德国遭受的经济衰退比欧洲其他国家更严重。德国被要求向法国、英国、比利时和其他盟国支付数十亿美元的赔款，作为交换，德国可以从美国获得用以支付赔款的贷款。德国面临着巨大的财政压力，其在欧洲经济恢复中的作用甚微。

实际上，德国需支付赔款的总金额比最初计划的330亿美元要少许多，最终偿还数额约为50亿美元。然而，德国依然难以支付。根据《凡尔赛条约》，德国失去了许多领土、资源和设备，德国马克对其他欧洲国家货币的汇率也在持续下跌。德国试图从美国获得更多的贷款用以支付赔款，但到1922年年底，德国再也无力支付赔款了。

1923年到1925年，为迫使德国支付赔款，法国和比利时占领了德国鲁尔区；但法比占领鲁尔区导致该地区的煤炭、钢铁业全部停产，德国陷入更严重的经济危机。德国人的消极抵抗加剧了通货膨胀；为满足经济需求，德国盲目加快纸币的印刷，但由于没有经济支持，最终导致了恶性通货膨胀。这推动了一个新的赔款计划——《道威斯计划》的实施，它使下一年的德国经济重新稳定下来。

世界无法恢复到1914年以前的样子，经济状况只是灾难网络的一个链条，而且是一个巨大的链条。随着货币、就业和工业的崩溃，在以后十年乃至更长的日子里，更严重的混乱接踵而来。

约翰·梅纳德·凯恩斯

一个预测到《凡尔赛条约》将引发巨大经济破坏的经济学家

尽管大多数英国民众都希望主要由德国承担战争费用，但凡尔赛谈判代表、经济学家凯恩斯却谴责了《凡尔赛条约》，称其为只有通过完全灭亡敌人才能实施的"迦太基式的和平"① （Carthaginianpeace）

他预测，强加给德国的苛刻条件将使整个欧洲经济陷入毁灭，他支持"威尔逊的十四点原则"。"十四点原则"是1918年威尔逊总统提出的一项稳定经济和促进世界和平的战略。当时德国已经同意签署停战协议。他批评道："该条约没有任何条款能够复兴欧洲经济，没有任何条款可以让战败的同盟国成为好邻居，没有任何条款可以稳定欧洲的新国家，没有任何条款改造俄国；它也没有任何途径可以促进协约国之间的团结。"1919年，凯恩斯出版《和平的经济后果》一书，悲观地预言德国将会复仇。恰好在同一年，因对德国的失败感到沮丧，及对《凡尔赛条约》强加给德国的不公正条款感到恼火，德国陆军退伍军人阿道夫·希特勒加入了一个新的政治组织——"德国工人党"，这个政党很快变成了纳粹党。

▲ 英国经济学家凯恩斯不赞成"一战"后对德国的苛刻处理

---

① 公元前149年，在第三次布匿战争中，迦太基人为求和平，向古罗马人交出了所有兵器，当古罗马人要求他们撤出城市时，迦太基人奋起反抗。"迦太基式的和平"指强者强加给弱者的短暂而不平等的和平。

咆哮的 20 世纪 20 年代

第一次世界大战后快速复苏的经济让位于大众消费和媒体，但在浮华的背后，许多人的生活并不像表面上的那么光鲜。

弗朗西丝·怀特 / 文

▲ 繁荣的20世纪20年代对很多人来说确实意味着很多乐趣，但这不会永远持续下去

20世纪20年代是美国和世界面临最大挑战的年代之一。第一次世界大战的余火在壁炉里咝咝作响,一场致命的"流行性感冒"进一步蹂躏了世界。那些幸存下来的人突然被抛进了一个巨大的政治和社会变革时代。这种快速的经济增长将人们带入了消费主义和大众文化之中。穿着短裙的女人在爵士乐大厅里跳舞,为争取自由权利而斗争。

这段时期也是动荡和变革的时期之一,世界各地的人们赋予其不同的称呼:法国称其为"疯狂年代",德国称其为"黄金20年代",美国称其为"咆哮的20年代"。

不管它叫什么,这10年都是前所未有的。在咆哮的20年代,人们之所以能享受辉煌,其根本原因在于经济的繁荣。

20世纪20年代初,世界上大部分地区经历了从战时经济向和平时期经济的转变。"一战"

▲ 20世纪20年代,美国白人首次接触到非裔美国人的音乐

时的经济是由武器制造业推动的,但当宣布和平到来时,武器制造业突然停产。这导致战后初期的经济停滞,但美国在几年之内则异常繁荣,从定量配给变成世界上最富有的国家。这一变化是通过信贷、建筑业的巨大繁荣而实现的,最明显的是消费品增长驱动了消费主义文化的出现。

▲ 汽车的普及意味着道路不得不迅速发展,以满足新的需求

20世纪20年代的明星

脸蛋和声音定义了一个时代

可可·香奈儿
时尚偶像香奈儿摒弃了维多利亚时代的束身衣和衬裙,开创了一种体现那个时代特征的风格——青春、自信、女性解放和休闲时尚。

查理·卓别林
作为当代的偶像、演员和电影制作人,卓别林因其兼具喜剧和悲情色彩的流行电影而成为深受观众喜爱的人物。

巴比·鲁斯
作为棒球场上的一名艺术家,巴比·鲁斯凭借他那著名的本垒打,成为现代历史上第一位著名的明星运动员。

约瑟芬·贝克
贝克被认为是世界上最负盛名的女性,为世界各地的非裔美国舞蹈家、歌手和演员开辟了道路。

葛洛丽亚·斯旺森
斯旺森是好莱坞最受欢迎的名字,是无声电影时代的宠儿,对时尚的敏锐嗅觉使她成为时尚偶像。她是当时全球出镜率最高的女性。

查尔斯·林白
飞行员林白打破了单人不间断飞越大西洋的飞行纪录,为他在全世界赢得了声誉和赞赏。这个害羞的年轻人一夜之间成了英雄。

美国开始繁荣,从定量供应转而成为全球最富裕的国家。

　　由于北美经济的蓬勃发展,欧洲国家从美国这个繁荣的国家获得了贷款,使之得以摆脱战时债务。然而,大多数欧洲国家花了很长时间,直到20世纪20年代后半期,经济才繁荣起来。

　　所以,最终美国还是领头羊。从战场上归来的士兵提供了急需的劳动力,军火工厂转而生产消费品。大规模生产使中产阶级能够购买和享受以前他们负担不起的科技产品,这鼓励了诸多产业的快速增长,美国变成了一个繁荣的、崇尚消费主义文化的国家,这又进一步推动了经济增长。

　　有几个新兴的行业融入了这种文化,其中最引人注目的是汽车工业。在此之前,汽车是奢侈品,只有那些收入最高的人才买得起,但这一切都被亨利·福特及其生产装配线的大规模创新所改变。1908年,他的标志性汽车——T型车售价

▲ 女性获得新的自由，也可以自己挣钱，并随心所欲地花钱

850美元，而1924年售价仅为260美元。

对于那些拿着普通工资的人来说，汽车降价使其第一次真正获得了拥有汽车的机会。随着越来越多的T型汽车走向市场，一辆二手车低至5美元。这使每5个美国人就拥有一辆汽车。其他行业也大受裨益，为满足旺盛的需求，玻璃、钢铁和橡胶行业都在扩张式发展。由于汽车数量的增加，道路和高速公路的建设成为首要任务。新道路建设又助推了从汽车旅馆、餐馆到服务站的新商业的出现。

另一个大受欢迎的行业是广播。收音机成为第一个大众传播媒介，为全国听众提供了革命性的娱乐。美国第一家商业广播电台，匹兹堡的KDKA，1920年首次投入使用，到1923年，仅美国就有500多家电台。

当时听广播和今天看电视一样变成了重要的

娱乐形式。到20世纪末，超过1200万个家庭拥有了收音机。广播另一个重要的经济贡献是通过广告的形式进行大众营销。企业现在可以以前所未有的规模在全国范围内销售产品，并创造出一种大众文化，这种文化至今仍主导着发达国家。

经济繁荣让人们的口袋里有了更多的钱，人们可以把钱花在战争期间被认为不重要的东西上，比如娱乐。20世纪20年代，电影作为一种娱乐形式获得了大规模的发展。为应对不断增长的观影需求，各大城市涌现出许多电影院，一张双人观影票和一场现场表演只需25美分。美国人拥入各大城市中如雨后春笋般涌现的电影院，大多数人一周看电影不止一次。20世纪20年代，电影是一种比现在更受欢迎的消遣，观影人数激增至9000万。

今天，我们把好莱坞视为电影制作的既定标杆，但20世纪20年代的好莱坞则刚刚成为电影工业中心，之前的大部分美国电影都是在纽约制作完成的。1910年时的好莱坞还只是一个小村庄，但随着电影越来越受欢迎，越来越多的电影人拥向这里，金钱的聚积使这个小村庄不断扩大，变成了今天的电影巨擘。

20世纪20年代末，电影的主要创新之一是声音的融入。1927年10月，电影《爵士歌手》大获成功，它所带来的利润使电影行业确信，无声电影时代已经成为过去。20世纪30年代，无声电影几乎消失。在相对较短的时间内，美国大众的娱乐从以歌舞表演为主，变成了以在大屏幕上展示丰富多彩、会说话的图片为主。低廉的消费品价格使美国成为一个大众消费国家。

获得惊人繁荣的另一个行业是新兴的航空业。1927年，查尔斯·林白实现了单人横跨大西洋的飞行，英国的艾米·约翰逊成为第一个独自从英国飞往澳大利亚的女性。自从莱特兄弟宣称"没有任何飞行器能从纽约飞到巴黎"的时代

▲ T型车象征着现代化和中产阶级的崛起

以来，人们就一直对长途飞行持怀疑态度。

林白的飞机"圣路易斯精神号"成为美国空中能力的象征。他的成功推动了小型航空业产量和利润的激增。到了20世纪30年代，随着福特和波音等公司为客运专门设计的飞机的出现，小型航空业开始蓬勃发展。30年代末，航空旅行继续蓬勃发展，美国国内航空旅客超过200万，这种增长很大程度上要归功于20世纪20年代的创新。

20世纪20年代也是体育运动取得突破的十年。来自全国各地的人们纷纷拥进体育场馆，他们见证了体育明星如巴比·鲁斯等偶像运动员的崛起。在新风格的体育新闻中，这些体育明星成了希腊式的英雄。随着这些体育明星传奇地位的提高，参与的人群也随之增加。随着体育运动的普及，孩子们有机会去做他们的父母永远不会做的运动，如高尔夫球。这种对体育运动的热爱传遍了全世界，埃及公民受到本国足球队成功的鼓舞，拉丁美洲也因运动员参加奥运会而掀起体育热潮。

当时的技术为音乐的蓬勃发展创造了良机。将音乐作品制作成留声机唱片对爵士乐产生了巨大的影响，以前只能在夜总会或音乐会听到的爵

▲ 直到20世纪40年代,广播仍然是家庭娱乐的主要形式

▲ 观众们蜂拥到体育场观看喜爱的体育明星比赛

▲ 年轻女性拥有新的机会去做她们喜欢做的事

士乐,现在进入了家庭。爵士乐源自哈莱姆文艺复兴(Harlem Renaissance,即黑人文艺复兴),当时非裔美国人的音乐、艺术和文学蓬勃发展。像路易斯·阿姆斯特朗和艾灵顿公爵的黑人爵士乐明星塑造了爵士乐时代。哈莱姆区(纽约黑人居住区)的地下酒吧和俱乐部不仅吸引了非裔美国人,也吸引了美国白人。

汽车给了年轻人想去哪里就去哪里的自由,年轻人成群结队地去爵士俱乐部跳舞,查尔斯顿舞、蛋糕舞和跳蚤舞的热潮席卷全国。俱乐部举办比赛,音乐剧充斥影剧院。与大多数流行的狂热事物一样,跳舞也受到了批评,有人批评说"撒旦在舞厅里",但这并没有降低全国的舞蹈热。

20世纪20年代受益最大的社会群体之一是妇女。从表面上看,穿着短裙的摩登女孩彻夜狂欢。但在大多数发达国家,摩登不仅是一种时尚选择,还代表了发达国家普遍出现的女权解放和妇女进步。随着《宪法第十九条修正案》赋予美国妇女以投票权,新增加的大量女性选民促使政

20世纪20年代，对于许多女性来说，身着时装是一种社会宣言。

治家们更多地关注妇女们关心的问题，包括公共卫生、教育，特别是和平。她们的父母们生活在严格的维多利亚时代的道德规范下，20世纪20年代的女性则渴望扩大视野和拥有更多的自主权。数以百万计的原本只能待在家里的妇女，现在成为白领，她们可以用自己的工资来参与日益扩大的消费文化。罐头食品、真空吸尘器和洗衣机等创新产品简化了家务劳动，让女性有时间追求和享受娱乐。高等教育也向女性敞开大门，挑战了仅由生物学定义的个人能力和社会角色的观念。

新女性的生活口号是"一切随意"，她们

▲ 对一些妇女来说，需要男人陪伴的时代已经过去，她们可以自由地去做她们想做的事

菲茨杰拉德和"迷惘的一代"

对一些人来说，20世纪20年代的魅力和浮华是肤浅的。

谈到20世纪20年代和爵士乐时代，几乎不可能不提到弗·斯科特·菲茨杰拉德及其影响深远的小说《了不起的盖茨比》。对许多人来说，菲茨杰拉德和他的作品概括了整个时代。

菲茨杰拉德的父亲是个酒鬼，母亲又雄心勃勃。菲茨杰拉德为无法进入"社会精英阶层"而苦恼。但他几乎拥有了20世纪20年代一切美好的东西：他和他漂亮的妻子搬到巴黎，开始了奢华的生活，整日喝酒、跳舞和聚会。而实际上，菲茨杰拉德一直在努力赚钱来维持这种奢侈的生活，小说《了不起的盖茨比》直到他死后才产生真正的收入。

今天，菲茨杰拉德被认为是"迷惘的一代"中最著名的作家。"迷惘的一代"是在第一次世界大战期间成长起来的。他们的作品，包括菲茨杰拉德的作品，经常被用来评判20世纪20年代富人和名人轻浮的生活方式，在浮华、魅力和机会背后，一些人则感到内心情感的空虚和个人成就感的缺失。

▶ 菲茨杰拉德被誉为那个时代最伟大的作家之一

独立行动，沉浸在跳舞、喝酒、吸烟和投票中。时髦女郎们聚在一起，美发、化妆（以前人们认为，化妆与卖淫有关，故并不流行）。这些因素促使她们与维多利亚时代的紧身衣及价值观分道扬镳，并体现在她们的着装上。20世纪20年代，对于许多女性来说，身着时装是一种社会宣言。随着巴黎引领的时尚潮流，女士们纷纷穿上修身及膝裙，搭配下垂的腰带。这种"新女性"（Neue Frauen）的概念不仅在美国存在，在德国也同样存在。新女性充斥着时尚杂志的版面：经济独立的女性，紧跟最新的时尚和技术。

无拘无束的时髦女孩形象很吸引人，但实际上只适合极少数女性。虽然许多人穿着流行服饰，但大多数人仍然是家庭主妇，或者做着报酬很低的清洁或服务工作。一些先锋女性为女性获得更大的自由铺平了道路。但总的来说，公众对时髦女郎的反应是负面的。人们普遍不赞成这些新女性所标榜的性自由和消费精神。美国许多州试图通过立法来限制女性在公共场合的衣着，包括禁止穿紧身衣、露胸衣以及规定女性裙子的长度。甚至女权活动家们也批评那些轻浮的人，声称她们把性自由和淫乱发挥到了极致。这种强烈批评的结果是，人们普遍认为，"好"女人就是那些反对摩登女郎的人，也就是那种最希望结婚、生儿育女、成为家庭主妇、把自己的钱完全用来造福家庭的女人。

这十年间，一个更令人惊讶的社会变化是同性恋群体的发声。20世纪20年代，虽然同性恋还未被社会完全接受，但已变成了显性事物。纽约、罗马、伦敦、柏林和巴黎都站在维护同性恋权利的最前线。一些激进的出版物甚至声称，同性恋是"一战"期间年轻男性之间自然建立起来的情谊和亲密关系。尽管同性恋作为一种性别"融合"形式的观点遭到幽默式的质疑，但这些问题被讨论这一事实本身就是一种发展。当时最受欢迎的演员之一威廉·海恩斯公开承认自己是同性恋。他不是唯一一个，20世纪20年代有一大批受欢迎的男演员和女演员都公开了自己的同性恋身份。不幸的是，这种相对自由的氛围并没有持续下去，而是在保守的20世纪30年代消失了，当时同性恋演员要么被迫退休，要么隐瞒自己的同性恋身份。

20世纪20年代给人们的印象通常是欢乐、饮酒和性自由，尽管这仅对一些人来说是事实，并不是所有人都如此。技术的进步对美国农业产生了巨大影响，机械设备减少了对体力劳动者的需求，食品价格随着利润的减少而下降，小农无法支付新设备的成本，有更多的人生活在城市而不是农村地区，这在美国历史上是第一次。

富人和中上层阶级享受的繁荣并没有延伸到工人阶级。超过40%的美国人生活在贫困线以下。非裔美国人从南方农场向北方城市大规模移民，加上黑人文艺复兴带来了黑人文化的更大影响力，使种族主义急剧抬头。成群结队的美国白人加入了三K党，在他们看来，三K党信奉的是纯粹的美国价值观，而这些价值观正被时髦而世故的城市居民遗忘。反移民言论猖獗，导致了1924年《国家起源法》的通过，该法案对一些人（如亚洲人和东欧人）进入美国实施了限制。

蓬勃发展的20世纪20年代是一个社会大变革、技术突飞猛进、文化勃兴的时代，但也是一个一分为二的十年：它划分出了穷人和富人、城市居民和农村居民、黑人和白人、新女性和传统女性。当人们彻夜不眠地在夜总会和地下酒吧跳舞时，表面之下的种种分歧正把这个国家一分为二。然而，这些人都无法预测的是，当20世纪30年代和大萧条来临时，他们的世界将如何崩溃。

遇见摩登女郎

"摩登女郎"指的是新一代女性,她们无视性别的"预期",剪短头发,穿及膝连衣裙,自己掌控财务和生活。

吹牛指南：禁酒令

1920—1933

你知道吗？

在禁酒时代，喝酒并不完全违法，你可以通过医生的处方合法买到酒。

大事年表

1851 在市长尼尔·道的倡导下，缅因州通过禁酒法。这是全美第一个禁酒法令。

1890 1869年禁酒党成立之后，选出了第一个众议员，这是走向禁酒的第一步。

1893 由韦恩·比德韦尔·惠勒领导的"反酒吧联盟"成立，成为美国最佳的禁酒组织。

1919年10月28日 作为第十八条修正案的立法先锋，《禁酒法案》成为法律，它的目的是在美国强制执行禁酒。

禁酒是什么？

标志着"咆哮的20世纪20年代"终结的大萧条到来的前十年，另一场使美国强制禁酒的运动才刚刚开始。1920年，随着《宪法第十八条修正案》的通过，禁酒令被写入美国宪法。禁酒令使生产、运输和销售酒精的行为成为犯罪。

禁酒令使酒吧和俱乐部变成了"地下酒吧"（市民可以秘密地喝一杯非法烈酒的地方），一些小流氓和罪犯因为非法贩卖私酒而大赚特赚，成了大亨。

禁酒令持续了十多年，它助长了金融不负责任的行为，并最终导致1929年华尔街股市崩盘和随之而来的经济大萧条。直到1933年12月，《宪法第二十一条修正案》获得批准，美国才最终取消了禁酒令，恢复酒类销售，其目的是挽救瘫痪的经济。

为什么会这样？

禁酒在20世纪成为美国历史上的一个重要时期，该运动的起源可以追溯到约100年前。19世纪20年代和30年代，即美国独立战争胜利半个多世纪后，一股宗教复古主义浪潮席卷全国。随着越来越多的人反对奴隶制，这些"完美主义者"认为，酒精有恶魔般的影响，它最终会导致所有人犯罪。

禁酒运动继续发展，并随着疆域的扩张而扩展，形成了禁酒"边疆"。过去，酒吧是西部蛮荒地区的主要消费场所。到世纪之交时，反酒类运动演变成一场全国性的强行禁止贩酒运动。到1906年，反酒吧联盟挑起的对酒类销售的袭击已司空见惯，正是业界人士和某些政治人物的支持最终促成了《宪法第十八条修正案》的通过。

相关人物

尼尔·道
1804年3月20日—1897年10月2日
作为第一个执行禁酒令的州——缅因州的州长，道被称为"戒酒的拿破仑"。

卡里·内申
1846年11月25日—1911年6月9日
在争取禁酒的斗争中，领导数百名男女对各种酒吧进行了野蛮的袭击。

韦恩·比德韦尔·惠勒
1869年11月10日—1927年9月5日
惠勒是一位精明的政治家和律师，他组织了反酒吧联盟，并在实施禁酒令方面发挥了关键作用。

1931年10月5日
随着臭名昭著的黑帮人物阿尔·卡彭被审判和监禁，最作恶多端、最引人注目的黑帮分子被赶下台。

1933年12月5日
经过参议院的辩论，《宪法第二十一条修正案》获得通过，取消了《宪法第十八条修正案》的主要内容，酒类销售重新合法。

▲ 剧作家诺埃尔·考沃德是纽约上东区一家名为马堡大厦的时尚地下酒吧的常客

地下酒吧

在这些秘密地下酒吧里，非法酒可以自由流通，它们的存在要归功于禁酒令，这是咆哮的20世纪20年代的标志性元素。

迈克尔·哈斯库 / 文

尽管禁酒有着崇高的道德意义，但它并没有终结美国人对酒精饮料的消费。相反，禁酒运动成功变成《宪法第十八条修正案》，却带来了灾难，这甚至比一杯烈性威士忌更具致命性。

禁酒令并没有彻底取缔恶魔般的烈酒，反而把饮酒活动推向地下，开创了一个混乱和敲诈勒索盛行的时代，这些活动是由犯罪头目组织和操纵的。禁酒令所带来的，有勒索和谋杀等骇人听闻的犯罪活动，有公职和执法人员的腐败，还有人们看不见的、蓬勃发展的酒类黑市。也许禁酒带来的最有影响力的产物就是地下酒吧、秘密酒吧，或称"好时光之家"，它诞生于酒精的制造、运输和销售都被法律禁止的时代。

地下酒吧的诞生是不可避免的。夜总会神秘的魅力、所提供的非法物品及迷人的氛围是令人无法抗拒的。可以说，禁酒期间，酒的消费量非但没有减少，反而增加了，这一令人震惊的结果主要是由于地下酒吧的鼎盛。地下酒吧通常依托合法的临街餐厅、杂货店或其他商铺的秘密附设，这唤起了一种冒险参与一项活动的精神，而顾客通常并不认为这是违法的。在禁酒令作为法律确立之前，很多人认为喝酒是一种好的成人娱乐活动，是一种可以接受的社交活动。

"地下酒吧"指的是那些以前常见的酒吧和夜总会关闭后，在美国各地涌现出的喝酒和娱乐的场所。关于这个词的起源，有各种各样的说法，其中包括旧式酒吧的顾客被鼓励保持礼貌，"自由地交谈"，避免与他人或当局发生冲突。

另一些人则认为，这源于对非法酒吧神秘而谨慎的管理，这些酒吧为了保护经营权而要求保密。还有一种说法是，要低声告诉保镖通行密码，才被获准通过一扇隐藏或锁着的门进入酒吧，就像"乔派我来的"这种简单而熟悉的密码，可能会让人确信，派对是为了享受美好时光的，而不是为了逮捕罪犯。

地下酒吧，也被称为"盲猪""盲虎"，或

简单地称为"杜松子酒吧",它促使美国社交体验的转变。灯光昏暗,烟雾缭绕,爵士艺术家和舞蹈演员在表演,为吸引观众的注意力不时地下台走近观众。有钱有势的人与普通公民、商人和工薪阶层聚在一起。白人和黑人在一起喝酒、聊天、跳舞,甚至谈情说爱,肤色障碍消失了。不过,地下酒吧最吸引人的还是酒,在那里可以自由地畅饮,比美国历史上任何时候都自由。

大城市里的地下酒吧成了晚间娱乐和消遣的场所,据说鼎盛时期纽约有多达十万家这样的秘密场所。芝加哥的非法酒吧数量与之不相上下,洛杉矶、旧金山、波士顿和迈阿密的非法酒吧也十分猖獗。禁酒令为有组织犯罪开辟了一条新的自由流动的收入来源,尽管一些企业家在地下室、车库和密室里开了自己的酒吧,但大多数地下酒吧都是由黑帮经营的。例如,20世纪20年代,艾尔·卡彭在芝加哥控制了多达两万家这样的酒吧,赚了数百万美元,他控制了流入这座城市的私酒,将其分销给大量地下酒吧。

1925年,"福星"的查尔斯·卢西亚诺从

▲ 艾灵顿公爵和他的乐队在芝加哥演出。这个组合也是纽约棉花俱乐部的固定成员

世界各地进口大量私酒,他每年在纽约赚1200万美元,其收入的1/3是用来贿赂警察和政府官员的。卢西亚诺和他的同伙在美国东海岸从事规模最大的走私活动,主导着纽约、费城和新泽西州的黑市酒类贸易。他从加拿大运来威士忌,从加勒比海运来朗姆酒,从意大利和法国运来昂贵的香槟和葡萄酒。

▲ 这家地下酒吧正常营业,穿着整洁的白色束腰外衣的调酒师正在调制当天出售的酒

有时，执法部门关闭地下酒吧的努力似乎是徒劳的——就像与神秘的九头蛇战斗一样。如果一家地下酒吧被查封，酒被没收销毁，老板被关进监狱，则同时会有三家酒吧冒出来取而代之。新开的酒吧被查封关闭后，原来的酒吧则又死灰复燃，恢复营业。事实上，新泽西州的官员声称，禁酒令生效后，该州非法饮酒场所的数量是禁酒令实施前的十倍。在波士顿，有四家地下酒吧跟警察局总部在同一条街上肆无忌惮地营业。

为了避免被发现，地下酒吧的老板想尽一切办法隐藏其活动。陷阱门、后巷入口、厚重的窗帘、隐藏的楼梯和能够翻转置酒架的开关，这些都是为逃避法律制裁而创新的方法。卡彭最喜欢去的是芝加哥酒吧"绿色磨坊"。它有一条秘密通道，如果警察来了，顾客可以从秘密通道悄悄地溜走。

在纽约的"21俱乐部"里，一个秘密的酒窖可以存放多达2000瓶私酒，酒瓶可以被扔进看不见的滑道里，门被掩藏着，酒保按下一个按钮，吧台上的架子就旋转起来。另一个按钮将酒瓶从架子上直接滑下滑道，扔进一个有排水管的酒窖。地下酒吧通过口口相传进行秘密宣传。由于被发现的风险增加，用来进入酒吧的密码可能会辅以一个秘密的敲门声或是一张会员卡。事实上，纽约东51街的鹳鸟俱乐部确实向老客户发行过这样的卡片，持有其中一张卡片的人就会获得

> 纽约新开了很多地下酒吧，因此有时被称为"安静的城市"。

▲ 年轻而活力四射的艾拉·菲茨杰拉德在禁酒时代用她浑厚而又深情的声音征服了地下酒吧的听众

▼ 男男女女都喜欢地下酒吧的气氛

▲ 两名联邦探员乔装打扮前后。他们准备潜入一家地下酒吧实施抓捕行动

一定的声望。

在某些情况下，买酒是一个快速、直接的交易。一位顾客走到一扇沉重的门前，门打开了一条缝，他点了酒，在另一边酒保的监视下，把钱塞进托盘里。过了一会儿，酒被送回到托盘里，然后两个通道都被关上。另一些被称为"夹店"（clipjoints）的是一些肮脏的场所，他们以漂亮女孩和美味饮料把不知情的顾客引诱进店内。一旦受害者喝得酩酊大醉，就经常被抢劫、殴打并被扔到街上。然而，这些场所并不能说明地下酒吧的神秘，这种现象已经成为禁酒时代和"咆哮的20世纪20年代"无忧无虑、享乐主义和放荡生活方式的标志。

公众对禁酒令的支持一直没多少兴趣，随着第一次世界大战带来的胜利气息，公开吸烟、剪短发、享受言论自由的新女性获得了更多自由和更大的社会参与度。大迁移将非裔美国人带到北方的城市，他们在那里找到了工作。"爵士时代"是作家F.斯科特·菲茨杰拉德创造的一个短语，它的兴起开启了传奇式的娱乐事业的发展。爵士乐歌手和乐师在"地下酒吧"找到了接受和欣赏他们的大批观众，并赢得了声誉。"地下酒吧"这个词与这里喧闹的夜生活形成了鲜明的对比。

随着地下酒吧数量的增长，现场娱乐和表演吸引着顾客，需求也越来越大。因为女士们通常不喜欢坐在酒吧里，餐桌服务也变得越来越普遍。食物也改变了，随着菜单种类的增加和"异国"菜品（如意大利菜）的出现，现代概念的餐厅日趋成熟。有时，酒的质量不好（由加入了化学添加剂的"浴缸杜松子酒"或劣质的工业酒精制成）。为了掩盖这些质量不佳的酒的味道，加入了果汁、软饮料或其他令人愉悦的液体，形成了新的混合饮料，其中许多已经成为现代饮食业的主要产品。随着年轻男女在没有父母或其他年长者的直接监管下而进行社交活动，约会也开始流行起来。因此，地下酒吧影响了美国社会生活的方方面面，远远超出了它紧闭的大门和烟雾弥漫的狂欢房间。

1933年禁酒令废除，地下酒吧开始衰落，但这些场所的传奇在几十年后依然留在人们的记忆中。旧照片和聚会中的故事激起了人们的怀旧之情，有些俱乐部甚至在今天仍然合法经营。地下酒吧时代仍然令人着迷。

在纽约，最著名的地下酒吧，如西52街的"21俱乐部"。弗兰克·辛纳屈和亨弗莱·鲍嘉等演员和艺人经常光顾这里，作家欧内斯特·海

调酒的艺术

地下酒吧的顾客谴责"浴缸杜松子酒"(由廉价的谷物酒精和杜松子在浴缸中长时间浸泡制成。禁酒令出台后,许多生产者被迫使用劣质酒精,导致许多人饮用后死亡)或稀释的工业酒精的糟糕味道。利用现有条件,有创意的调酒师将白酒与糖、果汁、软饮料或奶油混合,发明了美味的混合饮料,至今仍很受欢迎

白兰地亚历山大

白兰地亚历山大酒由奶油、干邑和可可脂混合而成,是酒中的经典,其名字出现在由调酒师哈里·克拉多克撰写的《萨伏伊鸡尾酒手册》一书中。1920年,克拉多克去了伦敦,十年后又回到美国,他融合了欧洲和美国的配方,制作出许多令人难忘的饮料。

航空酒(AVIATION)

20世纪初,调酒师雨果·恩斯林在纽约的沃利克酒店创造了航空酒,并在1916年出版的《混合饮料的配方》一书中介绍了航空酒。禁酒令颁布后,哈里·克拉多克改变了原来杜松子酒、柠檬汁、马拉斯奇诺利口酒和维奥莱特奶油的配方,去掉了最后一种稀有的成分。

马提尼

尽管它的起源早于禁酒时期,但经典马提尼的各种口味使它在那个时期成为一种独特的美国饮料。马提尼主要由伦敦干杜松子酒、干苦艾酒和可选的苦味酒组成,滤入一个冰镇过的鸡尾酒杯。"肮脏"的马提尼酒里还有一点儿橄榄汁或卤水。

香草牛奶

在禁酒令实施前夕,《节俭》杂志为其读者提供了大量混合饮料配方,但显然,每一份配方中都没有酒。香草牛奶酒里面有香草精、糖、鸡蛋、牛奶、肉豆蔻,哦,是的,还有波旁威士忌、白兰地或朗姆酒,这些混在一起摇匀后加冰滤干。

闰年酒

哈利·克拉多克在禁酒时期的另一项发明是闰年鸡尾酒——将两盎司[①]杜松子酒、少许柠檬汁、半盎司甜苦艾酒和大马尼尔酒混合,然后加冰充分摇匀混合。

① 1盎司≈29.57毫升。

酒吧的隐语

一直隐藏在暗处的酒吧中，地下酒吧文化逐渐形成了自己的用语和暗号

禁酒期间，当地下酒吧崛起后，一种完全属于它自己的语言出现了。光顾某家地下酒吧的人认为最吸引他们的不是别的，而是酒，他们口中的酒有的被称为"狼蛛汁"、"黑豹汗"、"棺材漆"和"霍奇"。那些享受免费饮料、占了便宜的人被称为"酒窖嗅觉者"。

此外，饮用不安全和在有毒环境下制成的非法酒精饮料也存在危险。"杰克步"或"杰克脚"描述的就是饮用"改良杰克酒"（一种混合了牙买加生姜的烈性酒）后诱发的疾病。

为防止药物过量，酒吧在酒中增加了生姜的含量，贩酒者为保证酒的可饮用性，则向酒中添加了一种塑化剂——磷酸三甲酚（一种强大的神经毒素）。结果是毁灭性的，成千上万沉迷于此种饮料的人，出现了奇怪的步态，有时甚至造成永久瘫痪。正如歌手阿萨·马丁低声吟唱着的《杰克步爸爸》所描述的那样。

地下酒吧的俚语开始被日常使用，人们频繁地用"skidrow"指酒鬼经常出没的地方，而它最初的含义是指木材流入太平洋西北部港口的伐木行业。还有其他用来描述小镇夜晚的每一个元素的俚语，狂欢者穿着"快乐的破布"，"盛装打扮"去"嘎吱嘎吱"和"没完没了地聊天"，花掉所有的"钱"，换句话说就是狂欢者穿着入时，去地下酒吧喝酒、跳舞，参加社交活动，花光了所有的积蓄！

▲ 禁酒时代的一家地下酒吧里，顾客熙熙攘攘，交谈甚欢，调酒师们正忙着备酒

明威也经常光顾。这里有黑帮老大拉里·费伊出售的一种从加拿大走私来的威士忌,称卡萨布兰卡酒。1932年,费伊被一名愤怒的看门人枪杀。"300俱乐部"和"银泰俱乐部"都是由德克萨斯·吉南所有和经营的。吉南是地下酒吧界最引人注目的人物之一,她总是对执法人员称,她是自己带酒进入这些场所的,而不是购买私酒。银泰俱乐部位于曼哈顿中城人口密集的波利阿德勒妓院隔壁。西58街著名的"鹳鸟俱乐部"为酒商谢尔曼·比林斯利所有。作家罗伯特·本切利和多萝西·帕克经常光顾位于西49街的"酒桶俱乐部"。

1922年,位于西村的查姆利书店秘密开业,当时的文学巨匠都云集于此,包括海明威、菲茨杰拉德、薇拉·凯瑟、诺曼·梅勒、约翰·斯坦贝克、埃德娜·圣文森·米莱和伊·卡明斯。查姆利的员工发明了"86"这个词,随后它在餐馆和酒吧里成了取消订单的同义词。

当酒吧即将遭到查封时,"86"用以示意顾客迅速通过贝德福德街86号的秘密通道离开。这家名为奈斐斯俱乐部的地标酒吧最初是一家爱尔兰酒馆,1868年作为一家家庭企业开业,建筑的一层为酒吧,二层和三层为生活区。当禁酒令开始后,他们把生活区搬到一楼和二楼,酒吧则搬到了三楼。这家酒吧在历时13年的禁酒运动中,从来没有被警察查封过。不同寻常的是,奈斐斯俱乐部只接待男性,能容纳多达80人,并以提供纽约最好的食物而闻名。

也许地下酒吧最持久的遗产就是爵士乐时代的形成和属于棉花俱乐部的娱乐传奇。棉花俱乐部是哈莱姆区装饰最华丽的热门场所。它的主题是一个快乐的棉花

▲ 禁酒时期,一位潜在的顾客看着城市街道上的一个标志。标志指引着能提供非法饮品的地方

种植园,这里经常有白人光顾,而大多数服务人员都是黑人。犯罪团伙头目奥尼·麦登经营着这家俱乐部,俱乐部里有艾灵顿公爵和他的管弦乐队、长期当红的豪斯乐队和艾拉·费兹杰拉、卡伯·卡洛韦、贝西伯爵、莉娜·霍恩等娱乐界名人。

为了争夺娱乐界的卓越地位,康妮小酒馆招徕了20世纪20年代最著名的爵士乐艺人,包括传奇人物路易斯·阿姆斯特朗和"胖子"沃勒。康妮小酒馆也位于哈莱姆区,是由康德拉·伊默曼和他的兄弟乔治、路易共同经营的。他们从拉脱维亚移民过来,在私酒生意兴隆之际开了一家熟食店。在这些相互竞争的俱乐部里,顾客们一起跳着林迪舞、狐步舞和查尔斯

> 好莱坞将有组织犯罪的故事搬上了银幕,并把黑帮头目塑造成偶像般的人物形象。

夜总会的女王

德克萨斯·吉南是禁酒时期纽约著名的地下酒吧的老板

玛丽·路易斯·塞西莉亚·吉南更广为人知的名字是"得克萨斯",因为她来自美国西南部得克萨斯州的韦科市。出生于1884年的她在许多无声电影中担任女主角,尤其是在西部电影中,她在30多部电影中扮演了持枪和骑马的女牛仔。她被黑帮头目拉里·费伊引诱到纽约,并开始在费伊的埃尔菲俱乐部担任女招待。随后,她凭借自己的表演赢得了艺人的声誉。她与顾客进行热烈的交谈,习惯用她的那句"你好,笨蛋!"问候顾客。

吉南离开费伊后,自己开了一家地下酒吧。1927年执法人员逮捕她时,她声称自己只是300俱乐部的女主人。陪审团裁定她无罪,未违反《禁酒法》。有趣的是,她只喝咖啡不喝酒。后来,她在巡演中出演了舞台剧,并在电影《夜总会女王》中出演了以自己为原型的"得州马龙"。1933年11月,在华盛顿州温哥华演出时,她患上了严重的溃疡性结肠炎。第二天,她在紧急手术中死亡。12000名哀悼者参加了在纽约为她举行的奢华葬礼。

▼ 1933年,就在禁酒令被废除的那一年,演员兼地下酒吧老板得克萨斯·吉南英年早逝

▲ 禁酒员站在一大堆从地下酒吧没收的酒旁边

▲ 禁酒期间，身负恶名的调酒师哈里·克拉多克在伦敦的萨沃伊酒店为顾客调酒

▲ 黑人区棉花俱乐部的老板奥尼·麦登在纽约的地狱厨房里管理着一群流氓

▲ 1930年，破产的男男女女来到地下酒吧，只为喝一杯酒精饮料

顿舞，并不停地喝酒。另一家棉花俱乐部是芝加哥最好的地下酒吧之一，位于西塞罗郊区，爵士乐大师们的演出座无虚席，其经营者是阿尔·卡彭的兄弟拉尔夫。就连芝加哥市长"大比尔"吉姆·汤普森也是它的老顾客。阿姆斯特朗录制了一首名为《敲打酒壶》的饮酒歌曲，贝西·史密斯在她的热门歌曲《我和我的杜松子酒》中唱道："任何私酒贩都是我的朋友。"

1929年10月29日，当华尔街股市闪电般地崩盘时，地下酒吧的好日子很快就一去不复返了。具有讽刺意味的是，执法人员虽尽力查封，但从未完全消灭的地下酒吧却由于消费人数减少、可支配收入大幅下降而自行关门。因为政府税收和创造就业机会的需求，1933年禁酒令被废除，地下酒吧的老板们不再因为非法贩酒而被指控，却很快又因逃税而被指控。

像禁酒令本身一样，地下酒吧也从聚光灯下消失了，成为逝去时代永恒的记忆。尽管如此，它所发挥的动态作用依然超越了人们对烈性饮料的基本需求。这是一个融合了各种生命观和生活观念，并使不同文化得以交流的地方。事实上，地下酒吧仍以自己的方式继续影响着美国人的生活。

▲ 洛杉矶扩张到了45个新社区，其中包括穆赫兰道的好莱坞庄园，吸引了来自全国各地有抱负的移民

洛杉矶的崛起

20世纪20年代，洛杉矶获得了"天使之城"的美誉，它是一个美国人自我标榜的美国梦范本，吸引着来自全国各地的演员们。

哈雷斯·布斯塔尼 / 文

20世纪初，南加州的淘金热和石油热让探险家们蜂拥来到洛杉矶。铁路工人亨利·亨廷顿曾说，这是一片充满机遇的土地，"如果不是世界上最重要的城市，也是美国最重要的城市"。随着长达235英里①的洛杉矶引水渠的建成，这个曾经贫瘠的城市繁荣起来，涌现出一系列的实业公司。

随之而来的大规模移民潮自然催生了建筑热潮。像哈里·卡尔弗这样的企业家在这座城市到处开发赫赫有名的新社区，并拥有自己的教堂、报纸、商店和人行道。1918年，洛杉矶颁发了6000个新的建筑许可证。仅五年内，这个数字就爆增到62548个，建筑项目价值达两亿美元。房地产巨头开始在社会中扮演重要角色，主持婴儿选美比赛、拳击比赛和马拉松比赛。

20世纪20年代末，近90%的纽约居民居住在出租房中。但在加州，近40万套住房中有1/3为自住。在像圣费尔南多山谷的吉拉德这样的新社区，公共汽车会把买家拉到由支架支撑的电影布景风格的村庄。在那里，销售人员带着他们排队去吃午饭、参观，最后把他们带到一个结账处。房子通常家具齐备，还布置了布谷鸟钟、手摇式留声机，墙上挂着画，私人车道上停着一辆福特车。实现"美国梦"的全部条件只需首付500美元，每月支付80美元贷款，利息7%，半年还清，即可实现。

20世纪20年代初恰逢第二次石油热，俄亥俄州的美孚石油公司在亨廷顿海滩的地下发掘出"黑色黄金"（石油）。壳牌公司在市区以南20英里的信号山也发现了一个巨大油田，在那里，数百个井架同时开工，平均每天产出24.4万桶石油。突然之间，花126美元买一套18卷牛皮装《美国百科全书》的买家们因免费获得一小块新地开采石油而变得富得流油，当非工会工人蜂拥而至来到洛杉矶时，私酒贩和妓女也跟着来到

---

① 1英里≈1.6千米。

好莱坞的诞生

在短短十年时间里，由几位董事撑起的电影产业
发展成为全球最大的产业之一

1910年，纽约导演格里菲斯带领一群比奥格拉夫电影公司的演员，在洛杉矶圣加布里埃尔拍摄了一部名为《雷蒙娜》的无声电影。同年，他拍摄了另一部电影《老加州》，这是他在好莱坞拍摄的第一部电影。与此同时，"硬汉"威廉·安德森在圣巴巴拉市的使命峡谷和圣马可山口拍摄了一部西部片，这部片子是他坐在货车车厢里剪辑的。

随着各种各样的地标建筑和宏伟建筑的兴起，圣巴巴拉市一年之内就有13家小电影制作公司成立。不久之后，芝加哥的美国电影公司也加入其中。这家公司建造了世界上最大、最先进的电影制片厂，拥有"飞屋"工厂以及一座永久性的西部边境城镇和一个有75匹马的马厩。

圣巴巴拉的居民目睹了电影行业在他们身边发展起来，见证了一些惊人的电影拍摄场景，比如一辆失控的汽车在街道上飞驰，撞上了豪华轿车，撞飞许多"假人"；还有一名特技演员从一辆公共马车上跳下来，头部撞到岩石后死亡。

到1918年，"飞屋"已经制作了大约1000部电影，超越了圣巴巴拉。然而，好莱坞并没有表现出发展放缓的迹象，格里菲斯的史诗片《一个国家的诞生》的票房收入高达数百万美元。美国电影制造业的工作室搬到了好莱坞，好莱坞迎来了超级巨星时代。在这个时代，查理·卓别林和玛丽·皮克福德等演员可谓家喻户晓。

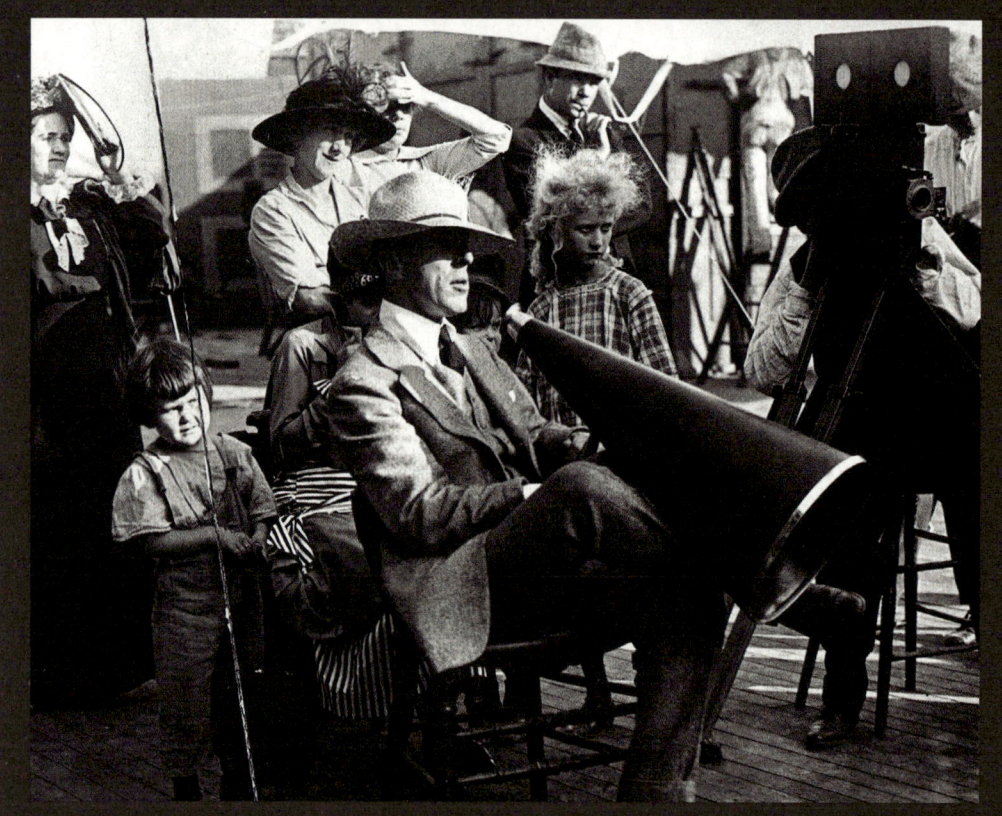

▲ 格里菲斯不仅导演了好莱坞的第一部电影，还导演了电影《一个国家的诞生》。这部影片在票房上大获成功，但影片对三K党的支持却引发了争议

20世纪20年代的第二次石油繁荣时期，那些免费获得新的小块土地的《美国百科全书》买家们突然富了起来。

这里。

在一片兴奋之声中，发起人昌西·C.朱利安成立了朱利安石油公司。在短短四个月内，他就从四万名投资者手中筹集了1100万美元，并承诺一旦获得石油收益，每1美元将支付30美元回报。但他并未兑现许诺，而是把公司卖给了两个同样惯于欺骗的投资者李维斯和杰克·伯曼，后者又筹集了4000万美元购买了根本不存在的石油股票，朱利安逃到俄克拉何马州，然后又逃到上海，1934年在上海自杀。

如今，洛杉矶每年的原油产量约为2.3亿桶，天然气产量为85亿立方米。洛杉矶的石油繁荣使巴拿马运河航运量成倍增加。洛杉矶港的码头面积增加了一倍，主航道拓宽到305米。

市区仍然是一个内陆城市，45个社区分布在56千米的半径内，正在以惊人的速度扩张。1921年，成立了六家银行和一家证券交易所，1924年，修建了22座市区办公楼，仅1925年建筑业就投资8700万美元。到1927年，洛杉矶每3.2人就拥有一辆汽车，尽管造成了全国最糟糕的交通问题，但也刺激该市形成了拥有8000名工人的轮胎产业。这是世界第二大轮胎产业，每年有十亿美元的工业产值。

到1922年，新兴的好莱坞电影已经成为洛杉矶最大的产业，当地每年的工资额为3000万美元，第二年，又翻了一番。令人难以置信的是，到1926年，洛杉矶有3.5万名居民每周从电影业赚取125万英镑。随着1928年有声电影的出现，曾一度被拒之门外的好莱坞电影制片人在地区经济上投入了2.47亿美元的资金，已经在洛杉矶经济结构中扎根，不容忽视。建筑师伯纳德·梅贝克称，格劳曼大都会剧院是一种新的艺术形式，"它是为数百万美国公众建造的，公众在华丽场面的色彩和切分音音乐的节奏中找到了一种民族特色的满足感"。

在比弗利山庄度过数小时的观星之旅后，游客们登上了前往圣卡特琳娜岛度假胜地的渡轮，船上还配有爵士乐队。岛上不仅有价值200万美元的摩尔风格的现代卡塔琳娜赌场（尽管它的名字叫卡塔琳娜，但这里只举办舞会，没有赌博——"赌场"在意大利语中是"聚会的地方"），还有一个12千米长的鸟舍，金碧辉煌，里面有成千上万的珍稀鸟类。

随着洛杉矶成为美国第五大城市，其人口从57.5万激增至近150万。这里90%的人口是欧洲人后裔，盎格鲁-撒克逊系的白人新教徒发挥主导作用，他们被细分为三个主要阶层：寡头、巴比特（Babbitts）和平民。这座城市最早的寡头是房地产开发商和银行家的后代，很快就有企业家、电影制作人和飞行员加入其列。私立学校的涌入提高了人们的期望值，引进了英式制服。马尔伯勒学校警告说："不要谈论你自己或你的家庭事务。这是青涩的象征，舌头和手指都不要太好奇。好奇心是非常庸俗的。"

巴比特是新来的资产阶级，吵吵嚷嚷、兴高采烈的中间商帮他们铺开了繁荣之路。作家布鲁斯·布利文这样描述他们："身材高大、笑容可掬的男人，留着修剪整齐的胡子，90岁打高尔夫球，开车速度60（英里），腰围40（英寸[①]），妻子30岁，情人20岁出头。"他们的劳动成果得到了回报：巴比特人爬上了社会上层，在风靡

---
① 1英寸≈2.54厘米。

一时的乡村俱乐部中,他们与那些原有的寡头们摩肩接踵。着迷于报纸上四页广告的男人和女人喜欢高尔夫、游艇和马球。周日,很多人会花一美元去比弗利大道的提升者俱乐部球场看马球比赛。电影明星威尔·罗杰斯甚至在他的牧场上建了一个马球场。

1927年,城市中涌现出了200家海滩俱乐部,穿着定制西装的菲律宾服务员帮你点燃雪茄,穿着丝绸长袍的中国女服务员为你斟酒。像乔纳森这样的老建筑变得比以往更排外,搬进了中央车站壁画背后、由艺术家设计的壮观的新建筑物中。与此同时,大使酒店的椰子园向那些愿意花2.5美元吃一顿饭、花75美分参加艾贝·莱曼大使举办的全明星乐队舞会的人敞开了大门。电影《酋长》(由居住在洛杉矶的演员鲁道夫·瓦伦蒂诺主演)中的场景被搬到俱乐部中:棕榈树下,瀑布边,客人可以在摩尔人(指电影《酋长》中生活在撒哈拉沙漠西部的居民)的帐篷里吃着烤肉。俱乐部不仅吸引了好莱坞精英,而且让保守派接受了爵士乐,其客户范围包括年轻的演员琼·克劳馥,也包括石油企业继承人和花花公子吉恩·保罗·盖提。

与此形成鲜明对比的是,中西部的老移民离开了农村艰苦的生活,卖掉自己的农场,退休后搬到了城市。在老式宗教精神熏陶下长大的他们,虔诚地支持着福音派基督教。他们居住的社区出台了广泛的规定:禁止穿暴露的泳衣,禁止公开示爱,违者最高罚款500美元、监禁六个月。

这种保守主义和禁酒运动,为诸如鲍勃·舒勒这样的人物的出现铺平了道路。他是一名福音派三一卫理公会的信徒。1920年,他在一场混

▲ 随着海滩俱乐部和乡村俱乐部的兴起，洛杉矶的精英阶层开始追求新的事物——从高尔夫到冲浪

◀ 再也没有什么地方能像椰子园这样浓缩了咆哮的洛杉矶精神。这是一个罕见的文化交会点，在这里，寡头们和好莱坞明星们摩肩接踵，他们喝着私酿的威士忌，伴着佣金达数百万美元的爵士队的音乐翩翩起舞

战和诽谤诉讼中逃离得克萨斯州，前往洛杉矶。

在这里，他成为一个布道者，其在洛杉矶的教众从900人增加到4.2万人。他布道的目标是犹太人、天主教徒、电影演员、进化论者、爵士乐和舞蹈演员。他自称是盎格鲁-撒克逊时代美国堡垒的最后捍卫者。1926年，一位女石油企业继承人捐赠给他一家电台，这家电台一度曾拥有20万听众。后来，他被一位二手车零件经销商、前三K党人推上了市长的位置。

洛杉矶有3.5万名日裔居民，其中一半是在美国出生的。该市75%的蔬菜产品都是由日裔生产商和批发商供应的，但白人盎格鲁-撒克逊新教徒因担心亚洲劳动力抢走美国人的工作，很不喜欢他们。好莱坞的一所房子前竖着一块牌子，上面写着："日本鬼子滚出去，这是白人社区。"黑人享受着更加繁荣的生活，但仍然

要遵守《杰姆·克劳法》（Jim Crow laws，即黑人歧视法，泛指1876年至1965年美国南部各州及边境各州对有色人种实行种族隔离制度的法律）。例如，他们只被允许在游泳池排水的前一天游泳。墨西哥人是当时美国最大的少数族裔，他们也面临着同样的向上层社会流动的问题。尽管洛杉矶的福音派新教徒欢迎禁酒令，但非法走私酒类依然存在。托尼·科诺等走私者的船上装了7000箱加拿大烈性酒，在这一地区的各个海湾卸下货物。这里几乎没有黑社会暴力活动，但禁酒令让中心城市的监狱爆满，每年有五万名未成年人锒铛入狱。有一次，一名记者目睹了好莱坞突袭行动，明星和小明星们被拖进"斗牛士和酋长"（bullfighters and sheiks）的队伍中。当一名警察试图提取一名女演员的指纹时，她回答说："把你的爪子拿下来，畜生！"据称，受到抵抗的警察曾骑在这些"少女"身上试图制服她们。该市警察局长路易斯·奥克斯被发现在他的公务车上有半瓶威士忌和一个半裸的女人，随后他被解雇。

20世纪20年代末，洛杉矶被称为"梦幻之城"，作家哈姆林·加兰将其描述为"不断的、自觉的广告"、"永恒的繁荣"和"单调的乐观主义"的灯塔。以好莱坞为中心，这座城市已经实现了"美国梦"，但面对即将到来的噩梦，仅仅有乐观是不够的。

上流社会

20世纪20年代,随着第二次石油业的繁荣和好莱坞的崛起,洛杉矶发展成为美国第五大城市。意气风发的美国人从全国各地蜂拥而至,第一次拥有了自己的房子。他们在迷人的海滩上、豪华的乡村俱乐部里和颓废的夜场体验着上流社会的生活。

因为安静和忧郁的个性,柯立芝被称为"沉默的卡尔"。

卡尔文·柯立芝

柯立芝本质上是一个主张小政府的保守派，
在白宫他以性格果断而著称。

约翰·卡尔文·柯立芝，1872年7月4日出生于佛蒙特州中部的普利茅斯山口镇。他成长于19世纪末一个典型的中产阶级家庭，家庭不贫穷也不特别富有，他是家中两个儿子中的老大。柯立芝的名字之所以广为流传，得益于他父亲从政（一名治安法官）和务农的经历。

他的大多数家庭成员都务农，但年轻的柯立芝很小就在学习上表现出天赋，并很快通过教育获得了卓越的成就，并赢得了"魔力辩手"的名声。毕业后，在父亲的坚持下，柯立芝搬到了马萨诸塞州的北安普顿，开始了律师生涯。1897年，他接受县级律师的培训，开办了自己的律师事务所。正是在这里，柯立芝走上了仕途。

法庭外，柯立芝以文静著称，法庭内，则以精明和勤奋著称。1898年，柯立芝被选为地方市政委员会委员。他是一个保守的共和党人，支持财政保守主义和妇女参政运动。

从那时起，他开始在政界稳步上升，马萨诸塞州几乎所有重要职位上都有他的一席之地。

他继承了父亲的成就，成了当地众议院的一员，并因拒绝赞同共和党同僚的普选主张而出名。1911年，柯立芝竞选州参议员，并以较大优势击败他的民主党对手。担任参议员不到三年，1914年他又成为参议院主席，两年后成为副州长。就在那时，他开始把注意力放在一个能让他登上全国政治舞台的角色上——州长。

正是在这里，柯立芝以他的资本获得了更高权力机构的注意。他以微弱的优势赢得议会席位，随后，又面临职业生涯最大的障

> 在柯立芝的领导下，美国通过了第一部旨在规范无线电广播的法律。

柯立芝与波士顿警察罢工

是什么导致波士顿警察局在1919年举行罢工呢?一切都源于建立一个独立工会的动议遭到政府的反对。9月9日,当工会运动的领导人被停职时,该市四分之三的警察开始罢工,在波士顿各地引发了骚乱和非暴力反抗。柯立芝召集国民警卫队来恢复秩序,并亲自监督其他警察部门官员。柯立芝认为警察有责任保护人民,因此没有罢工的权利。

碍——波士顿警察罢工。他拒绝屈从于罢工者的要求,面对如此被广泛报道的事件,他表现得极为冷静。

更重要的是,他关于保护公共安全的公开演讲,使他的支持率飙升。随着1920年总统大选的临近,柯立芝被提名为共和党副总统候选人。总统候选人是受欢迎的人物沃伦·哈定,柯立芝已准备在全国最有权力的办公室任职。

哈定与政府军队中的腐败官员的关系密切,但哈定的魅力和柯立芝的沉着构成了完美的组合,以压倒性的优势赢得了大选。然而,三年后,1923年8月2日,哈定死于突发脑溢血。几个小时后,副总统柯立芝宣誓就任总统。

哈定死后,在揭露腐败的过程中,柯立芝政策透明,这对他很有帮助,使他在1924年的总统选举中战胜民主党对手,赢得了决定性的胜利。公众对他的信心再次得到肯定,柯立芝终于能够奉行他的政治理想主义的原则和理念了:他实施了大幅度减税政策,减少了政府开支,并任命那些支持国内企业建设的人组成了监管委员会。

这些政策促进了"咆哮的20世纪20年代"的文化和经济繁荣,而掌控着这个国家的却是一个保守而忧郁的人。柯立芝对进口商品的高关税促进了民众对本国产品和产业实力的信心,美国人开始过度消费,消费和借贷额激增。

柯立芝广受欢迎的公众形象使许多人认为他会在1928年的总统选举中轻松连任,但他父亲和小儿子的去世,加上巨大的工作压力使他在1929年初宣布将在任期结束时离任,这让一些人相当吃惊。

10月,美国经济的过度支出引发了股市崩盘,整个国家陷入螺旋式萧条。柯立芝的小政府政策是否应为自私的国家经济观念负责呢?不完全是,这些种子早在柯立芝就任前就已经播下了,但他未能为萧条的农业部门和因大幅减税导致的财富分配不均提出有帮助的举措,而是加速了这一进程。

1933年1月5日,柯立芝去世,他的声望在美国公众中急剧下降,许多人将他的政策妖魔化,认为这是美国贫困的根源。他曾声称要赋予人民权利,但这导致了许多人非理性地把他的保守主义与经济的急剧衰退联系在一起。

卡尔文·柯立芝时代的生活

▲ 柯立芝与副总统查尔斯·道斯

经济扩张
柯立芝领导下的美国经历了积极的转变,摆脱了哈定执政时期的经济困境。税收被削减,只有约2%的高收入者缴纳所得税,而美国联邦债务则削减了25%。

消费合作社
从1920年到1929年,美国的国家财富几乎翻了一番,兴起了从未有过的消费文化。在全国各地的城镇,从时尚到音乐,再到其他,各种文化潮流兴起。

一个平等的声音
1920年通过的《宪法第十九条修正案》赋予妇女以投票权。虽然社会不平等还存在,但女性公民在一定程度上享有更大的文化自由。这也导致了"时髦女郎"形象的流行——女性按照自己的意愿着装,并说出自己的想法。

爵士乐时代
这一时期,音乐走入平民生活,充满布鲁斯情调的爵士乐成为时代的声音。爵士乐俱乐部在全国各地如雨后春笋般涌现,广播电台都在播放爵士乐,留声机的销量也扶摇直上,仅1927年就售出1亿张唱片。

禁酒令
禁酒令始于《宪法第十八条修正案》的通过,该法案禁止销售酒精含量高于0.5%的酒类。这使地下酒庄开始销售酒类,也助长了黑帮和有组织犯罪的兴起,也许是20世纪20年代最主要的因素之一。

▲ 胡佛是在一个乐观主义大行其道的时代就职的,但他的雄心并不能阻止即将发生的事情

伟大时代的最后岁月

20世纪20年代的最后一年，离悬崖边缘越来越近，
一时间，美国和世界似乎进入了一个更加和平与繁荣的新时代。

哈瑞·艾尔·布特鲁斯 / 文

在华尔街崩盘前的那几天、那几个月里，在普通美国人看来，美国似乎正从繁荣的20世纪20年代步入一个更加繁荣和充满希望的新时代。元旦当天就有一项非凡的成就产生，一架载有五人的三引擎飞机"问号"首次试飞，在空中加油43次的情况下连续飞行了150小时40分钟。

1929年1月17日，马丁·路德·金出生两天后，埃尔兹·西格创作的"大力水手"首次出现在连环漫画《顶针戏园》中，其中让人记忆深刻的是"大力水手"脱口而出的第一句话："你以为我是牛仔吗？"以及此后他与奥利弗·奥伊尔的意外接吻。对深受经济大萧条打击的美国人来说，他那不受束缚的乐观主义是一种对现实的逃避，也是一种重要的动力源泉。1933年，这部漫画被拍成了动画短片。这个故事使菠菜产量增加33%，大力水手取代了米老鼠，成为美国最受欢迎的卡通人物。

1929年2月，卡尔文·柯立芝作为总统在旧金山为当时世界上最长的大桥——圣马特奥大桥揭幕。这座耗资750万美元的大桥，是一个建筑奇迹，它是十年来多产的公共工程发展到顶峰的标志。1929年，联邦政府的基建支出只有两亿美元，各州却拿出了20亿美元，大部分花在高速公路建设上。然而像圣马特奥大桥这样的工业项目，私人投资总额却高达惊人的90亿美元。加州银行主管表示，这座桥是"伟大的繁荣时代"的见证。

虽然这是美国历史上最繁荣的一年，但也存在着巨大的不平等——大企业拥有810亿美元的资产，占美国工业总产值的一半，约占全国财富的1/4。被认为是社会主义性质的美国工会运动走向失败，其成员减少了1/3。由2000名公司董事构成的精英阶层位居社会顶端，美国0.1%的最富有家庭的收入总额等于42%的最贫穷家庭的收入总额。近3/4的美国人年收入低于2500美元，2.4万个家庭年收入超过十万美元，513人

▲ 胡佛组建的农业委员会是行政管理和领导的一大创举，实现了他以政府支持志愿服务的愿望

年收入超过100万美元，收入差距还在扩大。

大萧条前夕，尽管80%的家庭没有存款，但最富有的0.5%的家庭却拥有美国近1/3的净财富，这是美国历史上贫富差距最大的时期。超过一半的人口生活在农村，4500万人生活在没有室内水管和电力的房子里。正如得克萨斯山一位居民回忆的那样，当晚上去室外厕所时，他们面临着一个"可怕的选择"：要么"在黑暗中出去，不知道什么东西会爬到身上"，要么拿着一盏灯笼，被飞蛾、蚊子、夜鹰和蝙蝠包围。对于黑人来说，差别更明显，黑人预期寿命为45岁，比白人少15岁。当繁荣时代到来时，南方黑人发现，他们不仅在法律上被排除在大多数工作之外，而且不得不使用单独的饮水机，在自己的教堂做礼拜，在较差的学校学习。

在这个繁荣时代，美国"呼唤一位伟大的工程师来解决问题"，就像记者安妮·奥黑尔·麦考密克所说的那样，整个国家处于一种"魔术般的情绪"之中。当赫伯特·胡佛于1929年3月4日就职时，他说，"整个国家是一个巨大的、充满期待的画廊"，正热切地等待着这位有着"现代技术思维"的人首次成为政府首脑。

胡佛就任总统的第一周就关闭了白宫的马厩，并让总统游艇退役，宣称"过多的财富是对积累和继承经济力量的真正威胁"。这是一位希望增强国家实力、治愈国家顽疾的总统，他认为

▲ 1929年1月,"问号"飞机在空中加油43次,连续飞行150多个小时

◀ 在奥斯卡颁奖典礼上,珍妮特·盖纳凭借《七重天》、《街头天使》和《日出》获得最佳女主角奖

很多问题已经拖延了14年。他说:"我们希望看到一个由房主和农场主组成的国家;希望看到他们的储蓄得到保护;希望看到他们有稳定的工作;希望看到越来越多的人参加死亡、事故、失业和老年保险;希望他们都安然无恙。"

他日程上第一项要解决的问题是农业萧条,农业萧条已经近十年未得到缓解。4月15日,他召开国会特别会议,反对提高出口补贴。相反,他要求"建立一个拥有足够权威和资源的强大机构",以"将农业问题从政治领域转移到经济领域"。国会对这一富有远见的举动没有任何抵制,一位参议员写道:"总统在全国非常受欢迎,这里的共和党人都跪了下来,而民主党人则脱帽致敬。"

6月,胡佛签署了《农业市场法》,正式成立了联邦农业委员会,并拨款五亿美元用于促进农业合作社和建立稳定公司。这些措施旨在鼓励生产者自愿签订协议维持农业可持续发展,如果合作社失败,将得到稳定公司的支持,公司可随时购买任何过剩的农产品。就任总统仅两个月,胡佛就将他的"政府资助、自愿合作"的远见卓识付诸实践。当农业委员会第一次开会时,胡佛告诉他们,他们被赋予的"责任、权力和资源是政府在援助任何行业时从未给予过的"。

与此同时,另一个繁荣的迹象是,奥斯卡颁奖典礼于5月16日在好莱坞罗斯福酒店的花房举行,表彰过去两年制作的电影。1927年的无声电影《翼》获得最佳影片奖,女演员珍妮特·盖纳凭借《七重天》、《街头天使》和《日出》三部影片获得最佳女主角奖。

《永别了,武器》是欧内斯特·海明威在《斯克里布纳杂志》上首次连载的小说,根据"一战"期间他在意大利前线的经历编写而成。故事围绕一名美国救护车司机和一名英国护士之间的爱情展开,尽管其中的性细节被小心地省略了,但还是被波士顿警察局长打上了"淫秽"的

就任总统仅两个月,胡佛就将他的"政府资助,自愿合作"的远见卓识付诸实践。

世界各地

除了美国的预兆外,黑暗的种子正在世界各地播下

▲ 1929年年初,托洛茨基被驱逐出苏联,巩固了斯大林对苏联的控制

1929年1月,斯大林的主要对手列夫·托洛茨基被流放到哈萨克斯坦,然后被驱逐出苏联,送到伊斯坦布尔海岸外的一个小岛上。2月,墨索里尼的法西斯政府签署了《拉特兰条约》,将梵蒂冈确立为一个主权国家,并促使教皇庇护十一世,称这位独裁者为"天意之人"。

即使"杨格计划"减少了德国的赔款总额,延长了赔款时间,要求此后59年内,每年大约支付5000万英镑,但德国的极右翼政党对此还是义愤填膺。10月去世的古斯塔夫·斯特莱斯曼在任期间不仅推动了"杨格计划"的实施,还恢复了德国的国际声誉。在他死后,一个包括阿道夫·希特勒在内的德国工人党的右翼政党联盟上台,得到报业大亨阿尔弗雷德·胡根贝格的支持,新政府提出一项"自由法",宣布拒绝支付所有赔款,并以国家名义拒绝承认《凡尔赛条约》规定的"战争罪行"。

7月,《日内瓦公约》修改,提出了一项专门讨论战俘待遇的全新公约,规定必须人道地对待囚犯,设置了一个包括从食物、衣服到遣返程序的范围广泛的标准清单。

标签,禁止其在全市的报摊出售。无论如何,当这部小说出版时,它成了海明威的第一本畅销书,也成为美国最伟大的战争故事之一。

6月,贝尔实验室的一组研究人员首次向公众展示了一种实验性的彩色电视。贝尔邀请一群纽约记者来体验这个由机械扫描的彩色电视演示,这个演示开始时相当爱国,有一面红、白、蓝三色的美国国旗,旁边是一束鲜花。《华盛顿邮报》报道称:"这就像在看一张邮票大小的动态图片,只不过你看到的不是电影,而是真实的、色彩绚丽的东西。"

同月,由通用电气公司总裁欧文·杨格领导的一个委员会提出"杨格计划",将德国的赔款从1320亿马克(合315亿美元)减少到1210亿马克(合290亿美元),支付期限为59年。

7月,禁止冲突作为解决国际争端方法的《凯洛格-白里安条约》生效,15个缔约国签字。当年晚些时候,该协定的共同创始人、美国国务卿弗兰克·凯洛格获得诺贝尔和平奖。

9月18日,胡佛总统在电台发表讲话,呼吁削减武器和减少国际军备竞赛。在演讲中,他说,美国总统们一直相信"充分的防御准备"是"和平的保证之一"。"但是,"他补充说,"这种准备不必超过最基本的防御需要,否则就

会成为对其他国家的威胁，从而引起世界的恐惧和仇恨。"

虽然股市已经开始稳步下跌，胡佛是否开始担心最坏的情况发生，我们不得而知，但确定的是他的雄心没有减弱的迹象。9月26日，他邀请一批美国顶尖的社会科学家参加白宫晚宴。在晚宴上，他穿着他的一贯干净利落的行政套装，提出了一项不同于以往的研究。他将召集美国最优秀的人才，收集最全面的美国社会数据，作为"制定下一阶段国家发展的大政策的基础"。

当年，《米德尔顿研究报告》发表，其作者写道："我们今天可能生活在人类制度历史上变化最快的时代之一。"在这个繁荣昌盛的新时代，胡佛的研究涵盖了社会的方方面面——从犯罪、健康、艺术和矿产资源，到少数族裔和妇女的地位。然而，事实并非如此，因为胡佛很快就会发现，自己掌控着一个完全不同的美国，一个正在走下坡路的美国。

▲ 美国国务卿弗兰克·凯洛格因对禁止冲突的《凯洛格-白里安条约》的贡献而获得诺贝尔和平奖

崩溃

62	黑暗岁月	98	生活还在继续
70	什么导致了大萧条？	104	萧条与异见
80	《斯穆特-霍利关税法案》	114	英国和大萧条
84	银行恐慌	120	经济衰退催生了独裁者
90	《格拉斯-斯蒂格尔法案》	128	艰难无处不在
96	吹牛指南：新政		

▲ 当银行家们开始回收贷款购买股票时,华尔街陷入了失控之中

黑暗岁月

在经历了数年奇迹般的增长和繁荣后,
一切都在致命的混乱的几天内破灭了。

哈瑞斯·布斯塔尼 / 文

经过多年的疯狂投机,纽约的牛市终于在1929年9月3日见顶。几天后,当股价小幅下跌时,多数观察家认为这只是一次常规的调整。尽管股价继续下跌,但投机者仍在市场上投机取巧,银行家则比以往借出的钱更多。

到10月21日,大量股票被抛售,致使全国范围内的股票自动收报机都跟不上交易的速度,人们知道自己在亏钱,只是不知道亏了多少。事态发展到令人发疯的地步,股东们惊慌失措,纷纷抛售股票,导致进一步亏损。

10月23日,周三的最后一个小时,股市出现了滑坡,600万股股票被抛售,道琼斯公司7月和8月的巨额收益中的40亿美元蒸发了。随着收盘时间比预期晚了两个小时,一个令人不安的事实开始浮出水面:纽约证券交易所的情况并不乐观。银行要收回长期享受利润的投资者的贷款。

10月24日,也就是后来的"黑色星期四",《纽约时报》报道称,前一天"雪崩式的抛售"创造了"史上最大跌幅之一"。然而,最糟糕的还在后头。到中午,又有90亿美元消失。利用开市推迟四个小时的空档,以托马斯·拉蒙特为首的摩根大通的银行家们火速赶到一起,试图支撑股价,挽回一些最严重的损失,并将股价恢复到前一天的1/3。

第二天,急于恢复市场信心的胡佛总统宣布,"国家的基本事务就是将商品的生产和分配建立在良好和繁荣的基础上"。果其然,价格在周五和周六稳定下来。然而,在接下来的周一,股市以前所未有的速度下跌至谷底。随着道琼斯指数单日下跌38点,跌幅接近13%,银行家们只好听天由命。

记者乔纳森·伦纳德报道称,有9212800股股票被抛售,泰晤士指数下跌近50点,跌至318.29点。他写道:"那天晚上,华尔街像圣诞树一样被点亮了。餐馆、理发店和地下酒吧都

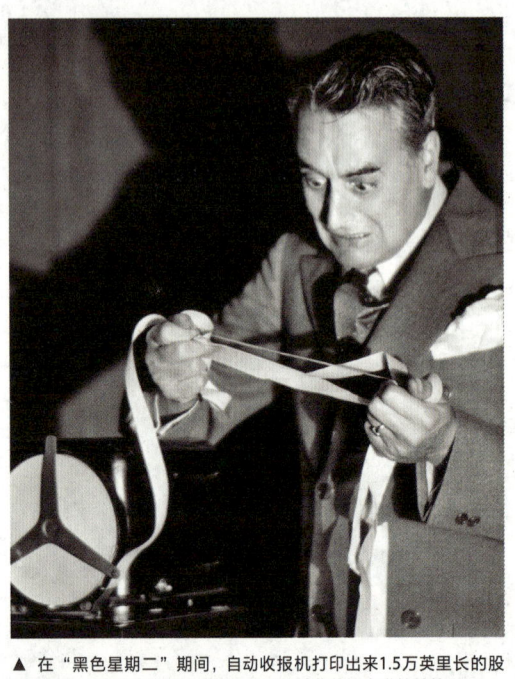

▲ 在"黑色星期二"期间，自动收报机打印出来1.5万英里长的股市销售单，惊慌失措的交易员把他们的销售单据塞进垃圾箱

开门营业，生意兴隆。信差和推销员在街上跑来跑去，声嘶力竭地叫喊着。贫民窟的孩子们闯入华尔街，玩起了由销售单据做成的纸团。穿着考究的绅士们在午餐柜台上睡着了。市中心所有的旅馆、公寓，甚至是廉价旅馆都住满了在布朗克斯区工作的金融职员。这可能是华尔街最糟糕的一夜。这一天糟透了，连最年轻的办公室勤杂工都对明天即将发生什么了如指掌。"

那天晚上，一种不祥之兆在空气中弥漫，人们强烈地意识到，美国式的生活方式正处于崩溃的边缘，大繁荣时代结束了，一切才刚刚开始。即使是新时代的先驱者也觉得，"如果每个人都假装快乐，虚伪的笑容就会驱散烦恼"。纽约市长吉米·沃克要求影院"仅展示令人愉悦的图片"。《真实的故事》杂志用整个广告版鼓励人们买奢侈品。"另一个有着繁荣时期狂妄自大的出版社"麦格劳-希尔只是简单地"告诉公众，避开盯着华尔街的淫秽景象"。伦纳德补充说："人们没有看到的东西不会影响他们的精神状

风雨欲来

在股市崩盘后的几个月里，
随着严酷现实的到来，
谨慎的乐观情绪开始变坏

股市崩盘一周后，胡佛总统承认，美国经历了一段过度投机时期，这种投机注定会"因不堪重负而崩盘"。尽管如此，他声称，多亏美联储制度，金融体系仍在正常运转，这场危机"既没有扩大到美国的生产活动，也没有扩大到美国的金融结构"。

然而，在金融危机之后，利用保证金贷款进行投机的奇迹破灭了，因为创造了大量财富的保证金贷款正在被收回。那些付不起贷款的人被迫出售股票。在"黑色星期二"之后的三周里，数百万人被迫抛售股票，导致股市崩溃，到11月中旬之前，股市蒸发了260亿美元。

此时，像《国家》这样的报纸都持悲观论调，有篇标题为"干这些好事的人"的文章认为："银行家和经纪人心知肚明，美联储是导致这场股票市场灾难的罪魁祸首。"不可否认的是，到12月，美国金融机制处于极度危险之中，工业生产下降10%，进口下降20%。

▶ 胡佛总统没有提及经济危机，而是利用他的感恩节演讲来庆祝美国的"异常繁荣"

态，好日子还可以像以前一样继续。"

10月29日，"黑色星期二"的清晨，交易员们在办公室地板上痛苦地醒来，"卖出！卖出！卖出！"的尖叫声掩盖了交易铃响！仅在前半个小时，就有300万股股票易手。当地和国际电话线、电缆、无线电和电线都被堵塞了。随着时间的推移，大量的股票被抛售，由于没有地方存放销售单据，交易员们干脆把它们塞进垃圾箱。无论价格高低，都找不到买家，有些人神情茫然，惊惶失措。当1.5万英里长的股票交易单据被打印出来时，一些人吓晕了。当银行家们收回他们的保证金时，那些付不起保证金的人都被迫抛售股票，他们毕生的积蓄瞬间化为乌有。

一些关于银行家跳楼的谣言开始在城市中流传。当这些数字被夸大时,温斯顿·丘吉尔正在纽约拜访他的朋友珀西·洛克菲勒。丘吉尔记得:"在我的窗户下面,一位绅士从15层楼跳了下来,摔得粉碎,引起了一阵剧烈的骚动,当时消防队也到场了。"截至当日收盘,纽约证券交易中心共交易1640万股,这一纪录保持了近40年。

在股票市场崩溃五个小时后,秘书送给胡佛总统一份备忘录,告诉他:"雷明顿-兰德公司的兰德先生刚刚打来电话,他认为您今晚应该发出一项声明,明天早上正式向新闻界发表,'我认为过度投机已经被彻底清算了,应该合理地将投资证券减少到一个安全而又有吸引力的水平。现在是银行家、经纪人和投资者在所有交易中保持最大耐心和冷静判断的时候了。'"

事实上,兰德警告他,如果这种可怕的情况再持续两天,数百万商人将会破产。佐治亚州的银行家雷蒙德·塔弗说:"成千上万的人在恐慌中倒下——失去了财产,失去了房子,失去了生意……一些人幸存下来,但许多人永远也活不下去了。更多的人因为年龄而没有机会再重打锣鼓另开张了。"

那些以保证金贷款购买股票的三流买家,并没有认为股价真的会下跌,于是开始典当他们有价值的东西,包括瓷器和珠宝。另一些人损失更

"细心的观察人士数周以来预测"的股市崩盘只是一段矫正期。《丹佛邮报》就没那么宽容了,它指出:"每个用保证金买卖股票的人都是在赌博。他们往山上滚的雪球又大又重,最终会压到自己身上。造成目前状况的不只是这个小家伙,那些大人物、银行家、经纪人、放债人也同样应

◀ 当股价在9月3日开始下跌时,多数人认为这只是暂时的调整

▼ 一旦恐慌开始,用来跟踪销售的电报收报机就开始慢了几个小时,因为电线和电话被堵塞了

大。希腊移民乔治·梅哈勒斯在南卡罗来纳州开了一家餐馆,他回忆说:"他们告诉我,我需要更多的钱来渡过难关,可我办不到。"那天他和他的哥哥都破产了。"我考虑过自杀,因为我已经一无所有了。"后来,他只能以"最低价"卖掉餐馆还债。

第二天早晨,《卫报》报道称,抗击股市下跌的银行家集团已将贷款利润率从50%降至25%。"伦敦证券交易所也反映出了纽约股市的低迷,在那里,大量股票被抛售,'街头市场'的兴奋一直持续到晚上。加拿大交易所昨日受到暴跌的沉重打击。"

虽然《纽约晚邮报》报道,华尔街正在经历历史上最大的灾难,但它仍然乐观地认为,有充足的贷款和信贷,"甚至这种严厉而残酷的清算也一定会带来好处"。最后,报纸用激励人心的口吻继续评论说:"这些股票是国家的命脉。不相信它们就是不相信美国。世界上有那么多事情要做,没有人能比我们自己的人民做得更好。我们的商业实力使我们在过去的日子里摆脱了困难。相信它还会再来一次。"

《伯明翰时代先驱报》也很乐观,对美联储抱有信心:"不会再出现恐慌,因为美国已经超越了经济发展阶段。"《蒙哥马利日报》认为,

该负责。"

普通美国人的痴心妄想是可以理解的。毕竟，第二天股市又出现了令人难以置信的反弹，"黑色星期二"损失的2/3被挽回，在周四短暂的交易后，股市休市。然而，当在11月4日（周一）重新开放时，股市又一次崩溃了，时代工业公司下跌22点，周三又下跌37点，此后三天又下跌了50点。泡沫已经破灭，股票市场正处于持续下滑状态，轰然倒下的正是美国企业的根基，不仅拖累了企业、银行家，普通美国人也随着倒下。

造成目前状况的不只是这个小家伙，那些大人物、银行家、经纪人、放债人也同样应该负责。

恐慌和破产

在牛市见顶后,9月开始下跌,小担忧迅速演变成大恐慌。当惊恐万状的投机者疯狂地抛售股票时,股价暴跌。银行家要回收贷款,那些无法支付贷款的人不得不出售股票,一夜之间,许多小投资者破产。

什么导致了大萧条？

华尔街的崩溃引发了大萧条，并在此后形成了一场"完美风暴"。

哈瑞·艾尔·布特鲁斯 / 文

▲ 1931年，由于大量银行遭到挤兑，许多欧洲国家暂停了金本位制

▲ 米尔顿·弗里德曼指出，华尔街崩盘发生在大萧条之前，随后的经济崩溃本来可以避免

尽管并非所有的银行家都触犯了法律，但他们的行为基本上都是不择手段的欺诈。

1932年，在大萧条全面爆发之际，美国参议员们委托"银行与货币委员会"调查导致华尔街崩盘的交易行为。在与拒绝交出银行记录的银行家们争执了一年之后，该委员会得出结论：银行体系的状况如此糟糕，如果全部公之于众或告之众议院，就太危险了。

随着大萧条进入第三个年头，也就是导致5000多家银行倒闭的时期，该委员会建立了一个由前纽约地区副检察官、法律顾问费迪南德·皮卡罗领导的分委员会。银行家们被一个接一个地带到皮卡罗面前，要求对他们的不当行为负责。公众惊愕万分地看到他们喜欢的商人们、美国企业的守护者被曝光。美国盈利最佳的银行家小摩根被传唤的当天，《纽约时报》报道称，一群旁观者"聚集在门口，挤满了委员会会议室的走廊，早上，工作人员不得不奋力从中穿过"。当摩根大胆地宣称"我毫不犹豫地声明，我认为私人银行家是国家的资产，而不是国家危险的制造者"时，皮卡罗反驳道："你的业务或职业是什么？"当摩根回答"私人银行家"时，全场哄堂大笑。像摩根这样不诚实而又自私自利的银行家们，终究是会给国家带来危险的，他们从1930年到1932年没有交过任何税，被媒体命名为"银行流氓"，是银行界自己的诈骗犯。

皮卡罗的遗产

皮卡罗不仅揭发了银行家,还开创了法律改革,为参议院即将展开的调查设定了基准

在整个调查过程中,皮卡罗敏锐的智慧、对真相的执着追求和努力使他的调查活动引起了媒体的关注。他打破了人们对意大利人的种族偏见,即认为他们是未受过教育的罪犯,而他则成了正义的化身。

一名诽谤者称他"75%是人民的正义保卫者,25%是蛊惑人心的检察官",另一名诽谤者则称他是"一名为了破获一起珠宝抢劫案而围捕镇上所有可疑人物的警察局长"。

他的工作最终向普通美国人交出了答卷,而这是迄今为止政客们未能给出的。在这个过程中,他剥去了华尔街的外衣,将银行家们赶下神坛,并揭露了这样的事实:那些来自最高权力阶层的、家喻户晓的人,原来都是腐败的骗子。

他的调查结果在罗斯福就职演说前几天公布,开启了政府干预的新时代,比如《银行法》将投资公司与商业银行分离,成立联邦银行存款保险公司和通过《证券交易法》。律师本杰明·科恩表示,精英阶层"在公众眼中已名誉扫地,以至于国会愿意通过任何法案"。

在此过程中,皮卡罗备受瞩目的调查开创了一个先例,他不仅传唤了个人,还传唤了组织机构,为此后参议院所有的调查设定了基准。

▼ 皮卡罗为国家证券交易委员会的成立铺平了道路

▲ 当华尔街崩溃引发更大范围的经济萧条时，英国经济学家约翰·梅纳德·凯恩斯写信给胡佛，敦促他增加公共开支

塞缪尔·英萨尔就是这样一位人物。他是一位公用事业大亨，在他的公司开始崩溃时，他逃往欧洲。1933年初，当他被指控挪用公款时，他只是简单地问道："我所做的事情，哪个银行家和商业大亨没有做过？"在被传唤到皮卡罗面前的第一批银行家中，查尔斯·米歇尔是国家城市银行的董事长，这家全国第二大银行被认为在"导致业务崩溃的疯狂投机"中发挥了主导作用。

1929年，米歇尔收入1206195美元，为逃避支付所得税，他以远远低于实际的价格将股票卖给他的妻子，之后又以同样的价格买回来。"坦率地说，我出售这只股票是为了避税。"他承认，银行向其高管提供了240万美元的无息贷款，以帮助他们保全自己的投资。一位编辑评论道："银行窃贼和银行总裁的唯一区别就是窃贼在晚上工作。"

米歇尔还概述了该行是如何向早在1927年就违约的古巴糖业公司发放"短期不良贷款"的。在没有通知投资者的情况下，该行发行了价值5000万美元的股票，将收益转让给国家城市公司，以购买古巴糖业的控股权。与此同时，投资者埃德加·布朗回忆说，国家城市银行的经纪人建议他将自己手中的22.5万美元政府债券转换为国家城市银行管理的股票进行投资。当他要卖出股票时，股价刚刚下跌，他们让他继续持有，尽管后来经纪人为他提供了非担保贷款，但却拒绝给他个人贷款。

随着委员会工作的推进，名誉扫地的银行家们描绘的丑陋画面令人震惊。即使在20世纪20年代的繁荣时期，银行制度还是导致了7000家小银行倒闭。尽管并非所有的银行家都触犯了法律，但他们的行为在很大程度上是欺诈性的、不道德的——故意歪曲证券的有利一面，不负责任地投资，以损害外部投资者的利益为代价保护内部投资者。在他们看来，如果一家小银行倒闭，那不是金融体系根本缺陷的征兆，而是适者生存的规律所致。

虽然国会早在委员会之前已经宣布一些银行的最荒唐做法为非法，委员会还是于1934年6月公布了其调查结果。国会提出的《银行法》（《格拉斯-斯特高尔银行法》）已将投资公司与商业银行分开，并设立联邦银行存款保险公司，以保护存款。当国会提出《证券交易法》时，公众写信赞扬皮卡罗的工作，并呼吁立法保护。其中一人写道："你们的股市监管法案一点儿也不严厉，不足以阻止，也永远无法阻止这种在光天化日下的合法抢劫。"另一人则辩称，该法案"破坏了基本的人类自由，甚至是以自己的方式损失钱财的自由"。富兰克林·罗斯福总统于6月6日签署了这项议案，使之成为法律。然而，对华尔街崩盘的指责只是问题的一部分，要弄清楚它为何演变成工业时代最严重的经济危机，则完全是另一回事。从技术层面上讲，大多数经济学理论都以商业周期为中心，比如消费品和服务的需求周期。当需求下降太多时，制造商就会减少自己的机械、设备和建筑的产出，导致经济衰退或萧条。

在大萧条之前，古典经济学认为，市场有

▼《华尔街之狼》（1929年）的故事围绕一位投机商展开，他的贪婪毁掉了身边的所有人，几乎没有人能想象，这样的描述会有多么准确

一种自我平衡的方法，不需要国家干预。当需求下降时，企业生产会减少，贷款需求也随之减少。贷款需求减少会使利率下降，既刺激企业增加借贷和生产以及雇用更多的人，又鼓励消费者支出。在繁荣的20世纪20年代的巅峰时期，伴随着工业的兴盛和城市在公共基础设施上的大量投资，就业机会大大增加。因此，美国人购买房屋、汽车和电器比以往更多。对政府来说，采取自由放任的政策似乎是轻而易举的事。

早在1928年，经济学家威廉·特鲁万特·福斯特和瓦迪尔·卡辛斯就提出警告，当经济萎缩时，政府干预将变得至关重要，以确保消费者有足够的钱购买产品。许多人现在拥有房屋和汽车等耐用品，建筑业已达到高峰。果不其然，第二年当消费需求下降时，企业的反应是放慢生产。

▲ 当皮卡罗委员会揭露银行系统的制度弊端时，像塞缪尔·英萨尔这样因挪用公款而受审的商人被重新贴上了"金融流氓"的标签

10月，股市崩盘在投资者中引发了大规模恐慌，他们匆忙退出，并清理自己的债务，而这只能让事情变得更糟。当数以千计的银行开始倒闭时，不仅消灭了巨大的借贷来源，也使许多人失去了毕生的积蓄。国家跟不上经济危机的步伐，越来越多的人失去了他们的生计。他们忙着盘算下一顿饭从哪里来，当然也就无暇顾及购买家用电器了。

福斯特继续呼吁政府进行更多干预，他认为，"如果今天就宣战"，代价虽将达数十亿美元，但美国将很容易通过消费摆脱大萧条。然而，他没有坐等战争爆发，而是鼓励国家花钱消灭饥荒和苦难。让市场自行其是是行不通的。

面对这种观点，英国经济学家约翰·梅纳德·凯恩斯继续寻找大萧条背后的原因及阻止大萧条的方法，从而构建他的主要理论。1933年，凯恩斯给罗斯福写了一封公开信，称："每个国家的受托人都在努力改善我们的处境。"他警告说，如果总统的努力失败，"理性变革将在全世界遭受严重偏见，并通过正统和革命来进行斗争"。在一封私人信件中，他发出了更为严厉的警告：不要对损坏进步事业和民主国家声誉的风险掉以轻心。他还提出了一系列关于政府刺激消费和形成私人资本的建议。

1936年，凯恩斯在《就业、利息和货币通论》一书中丰富了他的经济理论。他认为，在股市崩盘之后，政府缺乏干预，反而顺从美联储，导致了经济恶化。

没有政府的支持，大规模失业将持续下去，不断下降的需求将推动企业削减生产，进而裁员，消费进一步降低。他建议政府出台大规模的公共支出计划，以补贴需求和生产的下降，资金不是从美联储的中央银行体系借款，而是通过发行新货币实现。

尽管政府在1932年大幅提高税收，以缓解

▲ 无情的皮卡罗剥去了银行业光鲜的外衣，暴露出其贪婪和欺诈的丑陋本质

预算赤字，但凯恩斯认为，事实上，为刺激商业发展，应降低税收。罗斯福没有花足够的钱将这一理论付诸实践。大萧条持续了整个20世纪30年代，直到美国增加军费开支备战，才有所缓解。在许多人看来，凯恩斯的方法是正确的。

战后，凯恩斯主义经济学成为公认的标准，成为世界各国政府经济政策的基础。然而，1963年，安娜·施瓦茨和激进的自由市场理论家米尔顿·弗里德曼提出了一种新的方法。这两位经济学家反驳了"凯恩斯主义"的观点，他们认为大萧条的真正原因不是需求本身，而是缺钱。这种"货币主义"理论并没有将大萧条归咎于联邦政府，而是将其归咎于美联储。1928年初，美联储开始提高利率，抑制了借贷，导致生产下降。随着经济开始下滑，美联储在1930年和1931年再次提高了利率。

1913年，国会首次建立了美联储，以确保银行系统不会因为挤兑而崩溃（挤兑是由客户一次性取出所有的钱引起的）。在恐慌时期，美联储要确保银行总是有充足的现金供应来满足需求。然而，一旦恐慌袭来，银行开始倒闭，美联储反而拒绝支持无力偿债的银行，导致存款蒸

银行缩减贷款规模，意味着企业资金减少，就业和消费也会随之减少。

米尔顿·弗里德曼

作为一个激进的经济学家,弗里德曼把他的一生都献给了教育和自由主义哲学。

▲ 诺贝尔奖获得者米尔顿·弗里德曼说,帮助废除征兵制是他最骄傲的成就之一

米尔顿·弗里德曼,1912年出生于纽约一个贫穷的乌克兰-犹太移民家庭,曾学习数学和经济学,后来在芝加哥大学获得硕士学位,在哥伦比亚大学获得博士学位。"二战"期间,他曾在财政部负责税收政策,后来成为军队的数理统计学家,曾为马歇尔计划提出建议。然而,他真正的热爱是教育,从1946年到1977年,一直在芝加哥大学任教。

在1962年出版的《资本主义与自由》一书中,他表达了自己的自由主义世界观,呼吁建立一支志愿军,废除医疗许可、免付所得税和教育券。尽管他在1976年因对经济理论的贡献而获得了诺贝尔奖,但他最引以为傲的成就之一却是废除美国的征兵制度。

作为里根和玛格丽特·撒切尔的顾问,他的经济理论在整个20世纪80年代对美国和英国的公共政策产生了巨大的影响,两国都试图通过大规模放松管制来克服前十年的高通胀率和高失业率。他一直工作,直到2006年去世,享年94岁。去世的第二天,他的最后一篇文章发表在了《华尔街日报》上。

发,从而抑制了对商品和服务需求的增长。

弗里德曼和施瓦茨声称,大萧条在1933年以后持续的原因是,银行家们担心,除了最安全的贷款外,美联储不会在困难时期救助他们。更糟糕的是,当1936年经济指征略有复苏时,为防范通货膨胀的风险,美联储再次提高了利率。

除了这两种主要的思想流派外,还有许多其他的解释。经济学家保罗·萨缪尔森将大萧条的原因追溯到"一系列历史事件",而约瑟夫·熊彼特则将其归因于一系列的经济周期同时触底。胡佛在他的回忆录中称,大萧条的根源不是华尔街的崩溃,而是源于第一次世界大战中的欧洲,声称"1932年的欧洲金融危机才是将经济衰退演变成大萧条的真正原因"。

这反映了另一种思想流派的观点，即所谓的"国际视野"。这种观点认为，大萧条并非源自美国，也不是由美国人设计的，而是更大范围的国际衰退的一部分。巴里·艾肯格林和哈罗德·詹姆斯在他们1992年出版的《金脚镣：1919—1932年的金本位与大萧条》一书中，将大萧条归因于欧洲在第一次世界大战后回归金本位制。

在19世纪，大多数发达国家已经同意采用金本位制，建立一盎司黄金的固定汇率。这意味着如果国际商人想从其他国家购买商品，可以用本国货币购买黄金并支付，也可以以固定价格购买外币支付。然而，黄金也限制了以黄金为抵押的银行可以借出多少钱。当黄金库存枯竭时，银行不得不缩减发放贷款的规模，这反过来也意味着企业的可用资金减少，从而拉低了生产、就业和消费水平。

第一次世界大战后，黄金数量不足以满足世界的需求，促使许多国家暂时放弃金本位制，转而囤积美元和英镑。20世纪20年代中期，当一些国家在汇率不变的情况下重新采用金本位制时，难以维持足够的生产，以便用本国货币兑换回黄金。例如，德国被埋在战争赔款的大山之下。

1931年5月，当奥地利最大的银行开始陷入困境时，储户纷纷取出存款，然后将奥地利货币兑换成黄金，黄金则由奥地利政府储备提供。当奥地利银行的黄金用完时，它们被迫停止放贷，导致全国各地的企业倒闭，出现了大规模失业。绝望之下，政府决定放弃金本位制，冻结外国资产，并建议公民将钱存在银行。此举引发了一场"山崩"，欧洲各地的客户纷纷从银行取出资金，其他国家的政府也纷纷效仿奥地利放弃金本位、冻结黄金交易的做法。

不久，由于担心美国很快会步其后尘，投资者也开始从美国银行取出所有的资金。美联储继续坚持金本位制，提高利率以吸引外国投资者，并阻止他们撤回大宗商品。然而，这是一把双刃剑，导致借贷减少、企业倒闭、失业增加，并最终导致银行倒闭。国际理论认为，在罗斯福利用1933年《紧急银行法》的权力放弃金本位制、让美元贬值之后，美国经济才会开始复苏。

确定大萧条真正的原因，像决定"先有鸡还是先有蛋"一样难。但也存在一些共同的制度问题和缺陷。皮卡罗委员会披露的银行体系严重过剩，生动地描绘了20世纪20年代不可持续的繁荣时期"资本主义"的贪婪本质。

不幸的是，由于美联储拒绝履行其职责，银行家忙于保护自己的利益，一旦股市崩盘，股民信心很快就会崩溃，导致大规模恐慌。当所有储户都清算自己的财富时，银行倒闭了，储户们的毕生积蓄化为乌有，他们的企业也倒闭了，此后人们手里没有钱，市场也没有需求，经济无法复苏。美联储加息只会加剧这些问题，在整个世界陷入经济崩溃之际，继续抑制借贷和投资使这场经济崩溃成为有史以来最致命的战争。

▲ 1929年12月，霍利和斯穆特站在巨大的篮子后面，篮子里装着要求降低联邦所得税的请愿书

《斯穆特-霍利关税法案》

对进口商品征收严厉关税意味着灾难，但世界其他国家却做出了同样的反应。

乔·福特 / 文

几千年来，马匹一直是农业动力的主要来源，但现在，它已基本被电动卡车和拖拉机所取代。电气化释放了不可想象的能量，生产力达到了前所未有的水平。所有这一切，不是用百年而是用十年完成的。繁荣的20世纪20年代以创纪录的速度改变了世界，但种种迹象表明，这十年的繁荣即将结束。

生产开始超过市场需求，工资的增长与现代技术带来的生产剧增不同步。生产过剩和消费不足开始出现。第一次世界大战后欧洲农业经济的复苏威胁了美国的农业。随着全球农业产量的增加，食品和农产品价格都下降了。因此，美国农业部门也面临着出口下降。

在其他行业，如制造业，进口和出口都在增长，但后者增长更快，使美国企业处于有利地位。自然，他们还在寻求更快的增长和更多的利润。美国1922年制订了《福特-麦库姆法案》，意味着进口关税已经相当高，欧洲对此曾进行报复和反对，但对美国经济的损害不大。

在1928年的总统竞选中，赫伯特·胡佛意识到农业部门有明显的结构问题，承诺帮助农民，授权提高农产品关税，试图减少进口，增加国内需求。其理念是提高进口商品价格，降低本国商品价格使其成为消费者的优选，进而创造就业机会和为美国供应商提供公平的价格。

犹他州共和党人、参议院财政委员主席里德·斯穆特对大萧条开始时的反应是支持一项增加关税的法案，该法案后来成为《斯穆特-霍利关税法案》，由俄勒冈州共和党人、众议院筹款委员会主席威尔斯·C.霍利共同发起。

在一次成功的竞选活动后，新当选的美国总统胡佛呼吁国会提高农产品关税，并提议对农产品进口关税进行"有限修订"，目标是提高税率和提升价格。随后，他避开由此引发的辩论，把问题搁置一边，抓住机会将工业关税提高到新的高度。

▲ 霍利（左）和斯穆特（右），是该法案的共同发起人

1028 名经济学家签名提出了一份请愿书，要求胡佛否决该法案。

　　由此产生的《斯穆特-霍利关税法案》以其主要发起人的名字命名，对大量外国进口商品征收关税。它的正式名称是《1930年美国关税法案》。1028名经济学家签名提出了一份请愿书，要求胡佛否决该法案，并称其为"经济上的愚蠢"，胡佛本人对此非常担忧。他称其是"恶毒的、令人憎恶的敲诈"，但来自党内和商界领袖的压力较大。1930年6月13日，该法案在参议院以微弱优势获得通过，但在众议院却轻松获得通过。最终，胡佛勉强将其签署成为法律。

不出所料，法案一经通过，各国纷纷提高关税作为报复。人们普遍认为，《关税法案》的出台加剧了对大萧条的影响。外国政府开始报复，许多海外银行倒闭。甚至有人推测，世界范围内的混乱将导致极端政府的崛起，包括阿道夫·希特勒可能在欧洲崛起。

然而，经济学家道格拉斯·欧文估计，大萧条时代，美国的关税提高了22.7%，进口商品的相对价格上涨了5.8%。最终，这些附加税将转嫁到消费者头上。两年间，报复性关税对整个世界经济造成了损害，在1929年至1932年，美国对欧洲的贸易减少了2/3。

斯穆特和霍利连任失败后，都已看清了当时的经济情况，直到1933年富兰克林·D.罗斯福当选总统，经济才开始好转。1934年，罗斯福废除了《关税法》，降低了关税，并签署了《互惠贸易法案》，扩大了与外国政府进行贸易和合作的意愿。当美国支持《关税总协定》《北美自由贸易协定》和世界贸易组织时，损害终于得到了缓解。

今天，美国参议院网站将斯穆特和霍利的行为描述为"国会历史上最具灾难性的行为之一"。这也许是一个相当公平的评价。

▲ 胡佛避免围绕关税而展开过多的辩论，但结果却是灾难性的

▲ 1932年，时任某银行行长沃尔特·哈德森试图在阿肯色州派恩布莱德平息储户们的情绪

银行恐慌

储户担心银行即将破产，他们排着队去银行取钱，
结果是毁灭性的。

大卫·克鲁克斯 / 文

1931年8月19日，《芝加哥论坛报》刊登了一幅由约翰·T.麦卡琴创作的漫画，恰如其分地概括了受本国银行破产影响的美国人的心情。他画了一个坐在长凳上的失业者，而失业者却连喂松鼠的食物都没有。

一个衣着光鲜却蓬头垢面的男人，被贴上了银行倒闭受害者的标签。松鼠问他："你为什么不在光景好的时候为将来存些钱呢？"他回答："我存过。"凭借这一段令人心酸的对话，麦卡琴当之无愧地获得了令人垂涎的普利策奖。

大萧条期间，美国白人中产阶级中弥漫着一种情绪，那就是他们对错误地相信银行体系感到沮丧。挽救和付出代价一直被认为是负责任的行为。但现在，许多人却什么都没做。

这与1920年美国运转良好的银行状况相比，已经是天壤之别。那时有30909家银行，很少有倒闭的。然而，随着20世纪20年代的发展，越来越多的公司倒闭或停牌：1921年有506家陷入困境，1922年有366家，1923年有646家，1926年有975家银行破产，达到了一个高峰。数据显示，十年里，平均每年有634家银行破产或停业。然而，与即将到来的银行倒闭数字相比，这些数字都不值一提。

1929年10月的股市崩盘使人心惊肉跳，人们开始质疑银行是不是最安全的存钱场所。人们的信心降低，消费也减少了。与此同时，民众希望这只是在重复以前发生过的事情。1920年、1923年和1926年经济出现过收缩，但复苏总是很快到来。

但这一次，损失惨重。田纳西州最大的银行考德威尔公司，其主要子公司田纳西银行于1930年倒闭，在南方各地引发了数十起银行倒闭的连锁反应。这又引起了巨大的恐慌，人们拥向其他银行取出存款，导致更多的银行倒闭，州政府损失了大约700万美元。然而，这只是四拨银行挤兑的第一拨的一部分。

为什么美联储允许大银行破产?

一位美国顶级经济学家认为,大萧条在一定程度上是由美联储的糟糕政策造成的

▲ 任何投资了这家破产的新泽西产权担保信托公司的人都被告知,联邦存款保险公司将保护他们高达5000美元的资金

美联储作为美国的中央银行系统,1913年由国会创立,以维持金融稳定。如果出现银行挤兑,它应充当最后贷款人,但当公共银行在大萧条期间倒闭时,它却袖手旁观。

诺贝尔奖得主米尔顿·弗里德曼认为,美联储不愿向小银行放贷是造成大萧条的一个主要原因。由此导致的一系列南方和中西部的银行挤兑蔓延开来,美国银行业被击垮,引发了一场巨大的危机。

尽管纽约联邦储备银行试图进行拯救,却得不到其他银行的支持。一些竞争对手不喜欢这个名字,认为它扮演了政府银行的特权地位。他们还反对该银行与其他银行合并的建议,并否决了建立保证存款安全的保证金的主张。

随后的挤兑发生后,美联储仍未采取行动。它本可以购买政府债券,向金融体系注入更多现金,但它却让可用资金的数量在四年内连续下降。

美联储的糟糕反应导致了1933年联邦存款保险公司的成立。最初只是临时性的,但后来它却承担起了美联储应该承担的责任,为2500美元以下的存款提供保险,后来又把上限提高到5000美元。因为知道政府给他们支持,人们就不太可能吵着要现金了。

这样的挤兑对金融机构来说是一场噩梦,他们通常没有足够的资金来支付大规模的取款,如果他们不是联邦储备银行系统的成员的话,更是如此。

在此期间,24000家银行中只有8000家是其成员,为了生存,他们不得不迅速清算贷款、出售资产,也因此造成巨额损失。因为那些担心银行亏空的人大量提款,把这些银行推到了破产的边缘。

每家银行都经历了挤兑,成百上千的人聚集在分行大楼外。当时的照片显示,大量的男人和女人耐心地等待并交谈着,大概是在谈论美国所处的现状。他们会在黎明前排队,希望能在银行倒闭之前把钱取出来。人们最担心的是,如果没有保险,他们的银行存款将会被耗尽,因此,银行破产将对家庭造成沉重打击。

1930年12月10日,两万人聚集在纽约布朗克斯区弗里曼街和南大道拐角处的美国银行分行外。这家银行由下东区的服装制造商约瑟夫·S.马库斯于1913年创立,与政府无关。

其他银行外面也排起了长队,结果第二天这些银行就关门了。鉴于美国第四大银行从未重新开业,成为当时倒闭的最大银行,在接下来的几天里,又有成千上万的储户试图取回他们的存款,导致了街头的愤怒和骚乱。在该行持有的40万笔存款中,有20%没有支付。

许多专家认为,尽管上个月有256家银行倒闭,但银行挤兑才是银行业真正恐慌的开始。当然,没过多久,第二拨和第三拨银行挤兑潮摧垮了美国经济。如果旁观者觉得持有8.53亿美元存款的1352家银行的倒闭已经足够糟糕,那么,接下来他们还会更为震惊。

在接下来的一年中,1931年春秋两季的银行挤兑使持有17亿美元存款的2294家银行倒闭。第二拨发生在4月至8月,尤其打击了芝加哥

联邦储备银行区，6月出现了特别严重的银行挤兑。事实上，芝加哥地区是美国破产率最高的地区之一，从1929年到1933年，193家州立银行中只有35家存活了下来。虽然并不是所有的银行倒闭都是由恐慌造成的，但相当一部分是这样。1931年8月，俄亥俄州托莱多的银行遭受重创，随后在9月至10月爆发了第三拨危机。1931年9月21日，英国放弃了金本位制，从当年的英镑危机中复苏，但芝加哥、匹兹堡和费城却出现了小规模恐慌。

图片显示，尽管位于第六大道和伊利大道的交叉口的费城伊利国家银行仍有数百人等着取钱，但它一直存活到1935年。其他的就没那么幸运了。到1933年，半数的商业银行已经倒闭。

为阻止这场危机，胡佛政府极力避免联邦政府直接干预，并拒绝步他国后尘放弃金本位制。他还创建了一个名为"国家信贷公司"的组织，目的是说服幸存下来的大银行贷款给那些正在倒闭的银行，但绝大多数银行置若罔闻。多数大银行都觉得破产的银行是不稳定的，如果给他们提供贷款，那么，他们就必须以最有价值的资产来作抵押，而实际上，他们已经没有可抵押的资产了。国家信贷公司在几年后倒闭，从1932年秋

▲ 漫画《一位明智的经济学家提问》恰如其分地概括了受银行破产影响的美国人的心情，这些人曾坚信努力存钱是正确的举措

▲ 有趣的是，几乎没有人们找麻烦的报道，因为大多数储户都知道，在时间有限的情况下，要冷静地排队取款

季到1933年，出现了第四次银行挤兑，这些都不令人意外。

中西部和西部这一次受到的影响最大，人们匆忙地寻找解决办法。路易斯安那州宣布1933年2月4日为银行休假日，以便濒临倒闭的第三大银行恒亚银行可以停止挤兑，并从美联储系统和重建金融公司筹集了2400万美元资金用以重新开业。重建金融公司是由胡佛设立的为银行系统提供流动资金的组织。为此，路易斯安那州州长奥斯卡·K.艾伦和参议员休伊·隆不得不寻找一个充分的理由，使银行休假。他们认为，与德国断绝外交关系16周年之际宣布休假是充分的理由。周一，当这家银行再次开门营业时，休伊·隆突然出现，存入了1.2万美元，以示对银行的信心。

这些干预措施是有效果的，但直到富兰克林·D.罗斯福于1933年3月4日就任总统，情况才开始迅速改善。在持续了一个月之久的银行挤兑后，罗斯福就职的当天，48个州中的32个州的银行关门，第二天，所有银行都关闭了。3月9日的《紧急银行法》授权由罗斯福决定银行开门和关门的时间。在得到联邦政府部门评估其偿付能力之前，这些银行一直处于关门状态。

1933年3月12日，罗斯福在白宫通过广播发表了一篇演讲，对银行系统政策作了说明。他说："我们不希望过去几年的历史重演，不希望也不会出现银行倒闭的蔓延。"

第二天，12家联邦储备银行开门营业，接

银行存款没有保险，因此银行破产将对家庭造成沉重打击。

着是那些在城市设有联邦票据交换所的银行开门营业。另一些则从3月15日开始营业，储户们排队归还了他们之前囤积的现金。罗斯福还放弃了金本位制，并责令私有黄金兑换成美元。与此同时，又借助1933年6月出台的《银行法》实行强大的银行改革，禁止商业银行从事投资业务。

由此，人们对银行体系的信心开始缓慢而坚定地恢复，银行业的恐慌和挤兑成为历史。经济仍然不景气，失业率上升，但银行系统的完整性得到了恢复。"我可以向你们保证，把钱放在重新开业的银行里比藏在床垫下更安全。"罗斯福告诉人们。人们也确实这样做了。

▲ 富兰克林·罗斯福解决危机的办法是，暂时关闭资不抵债的银行，直到它们的财务状况良好才开门营业。而另一些银行则再也没有开放

▼ 1933年6月16日,罗斯福签署该法案成为法律

《格拉斯－斯蒂格尔法案》

在大萧条的余波中,人们大声疾呼要改变金融业。
《银行法》是美国政府对这一呼吁的回应。

凯瑟琳·柯曾 / 文

1933年，当世界在全球大萧条的灾难性打击和持续影响中举步维艰时，美国是付出最高代价的国家之一。1929年的股市崩盘对美国来说是毁灭性的打击，一度欣欣向荣的美国经济变得支离破碎。银行业正在舔舐着深深的伤口，这些伤口不仅影响了那些进入高风险高回报的金融界的人，还动摇了公众对银行家和股票市场玩家管理国家资金方式的信任。

美国人民和政府一样，都在寻找事故的责任人，并迫切希望采取措施确保事故不再发生。

商业银行显然是被指责的对象，他们用其信任的投资者的存款进行冒险投资。从长期来看，这些风险没有得到回报，导致了经济灾难——大萧条。

当人们把自己的血汗钱存到地方银行和国家银行时，根本没想到银行除了替他们保管钱并保证安全之外还会做别的。而银行正忙着做当时银行都会做的事，他们用客户的存款在市场上投机，以期获得巨额回报。当银行投资于公司时，他们鼓励客户跟着他们投资，不管这些公司在财务上是否可行。银行通常在投资中获取商业利益，他们把钱借给客户，然后客户按其指导进行投资。如果投资失败，银行可能会追着客户偿还贷款。唯一有可能输的就是客户。不管发生了什

▼ 新的措施旨在防止大萧条时期银行毁灭性挤兑的重演

▲ 亨利·斯蒂格尔的有条件支持确保了该法案最终成为法律

么,他们除了把贷款还给银行外,别无选择。

投资者相信银行不会误导他们,从而盲目地听从了银行的投资建议。不幸的是,这一切最终失控了。随着越来越多的冒险得到回报,人们也承担了越来越多的风险,直到不可避免地出现了可怕的错误。当大萧条席卷全国时,人们去取存款,却发现他们的存款根本没有得到保护。相反,它不见了。随着消息的传播,越来越多的人试图在银行倒闭前把钱取出来。这导致公众对银行的挤兑,银行无法满足公众的需求,也无法支付存款。成千上万的人失去了他们的毕生积蓄,成千上万的银行倒闭,公众损失总计达到四亿美元。

当世界举步维艰、工业和经济濒临彻底崩溃之时,人们开始追问,如何才能确保不再重蹈覆辙?直到现在,他们才明白金融世界的现实,很明显,尽管已经造成了灾难性的破坏,但必须采取措施确保历史不会重演。公共资金存入商业银行就被冒险置于投资银行的残酷世界里,显然必须采取措施来将这两个利益集团分开,并阻止银行基于商业利益将钱从其投资部门抽离出来,不再允许投资银行家们操纵商业银行的存款资金。而《格拉斯-斯蒂格尔法案》旨在确保这一点被写入法律。

该法案最初是由来自弗吉尼亚州的民主党参议员卡特·格拉斯提出的。格拉斯涉足经济商业由来已久,在金融领域经验丰富,曾担任过财政部部长。这个法案来来回回折腾了两年,但它的目标从未改变——严格监管商业银行和投资银行,并在金融业引入大量其他改革,所有这些改革都旨在保护存款。

该法案在参议院和金融专业人士之间反复修改和完善。专家和格拉斯共同起草了一项法案,将负责存款和贷款的商业银行与负责销售股票和债券的投资银行明确分离开来。同时,希望商业银行不在无任何利益的情况下建议客户将贷款变成投资银行的高风险股票。之前如果公司倒闭了,银行由于进行了有效的担保投资而无任何损失,个人客户仍然需要偿还贷款。因此,该法案避免了金融业的两类银行狼狈为奸的现象。

尽管有一系列安全措施保护资金不被银行家滥用,但值得注意的是,该法案遗漏了针对储户的存款保险,即在经济衰退的同时保护银行及其个人存款,但格拉斯反对将这一点写入法案。作为大型全国性企业的坚定支持者,他认为,这一条款只对当地小银行有实际价值,为这些规模较小的银行提供保护对经济发展没有什么意义。在对该法案讨论修订的两年时间里,存款保险从未被纳入考虑范围。

来自阿拉巴马州的众议院民主党议员亨利·巴斯科姆·斯蒂格尔支持这项法案。作为众议院银行和货币委员会的主席,斯蒂格尔经验丰富,他支持格拉斯法案,条件是将存款保险纳入其中。这项有争议的措施使联邦存款保险公司得以建立,法案规定所有银行都上缴基金,用来保

▲ 参议员卡特·格拉斯花了数年时间来完善这项立法

▲ 公众强烈要求银行业改革

护2500美元以下的存款安全。对此，公众很满意，但银行业却不乐意。大型银行主张终止为小银行提供补贴，如有必要，应该允许这些银行倒闭。

在最后期限到来时，斯蒂格尔要求对格拉斯的暂定法案做出另一项修改。该法案要求银行在五年内将其商业利益和投资利益分离，但斯蒂格尔建议将期限缩短至一年。这一点也被接受了。1933年6月16日，富兰克林·罗斯福总统签署了《1933年美国银行法》，使之成为法律。格拉斯和斯蒂格尔的立法提案成为这项全新法案的重要组成部分。现在，各银行有12个月的时间来决定，是专门经营商业银行业务，还是经营投资银行业务，并采取适当措施，将两者完全分离。投资银行不再接受存款，商业银行也不再把客户的钱投资于证券。除非政府发行债券，否则商业银行从投资中获得的收益不得超过其总收入的10%。这是一个小小的让步，对银行本身没有什么好处。从规模最小的地方银行到规模最大的全国性公司，都必须遵守新法案，法案将在12个月的最后期限结束后付诸实施。那些在金融部门工作的人员对此感到震惊，他们认为该法案是对大萧条的本能反应，其规定有点儿过于严厉，并抱怨说，这是一种限制，但最终还是无奈地遵守了新法律。然而，随着时间的推移，银行业专业人士开始寻找变通办法，以避开一些法律规定。例如，只有属于联邦储备系统的银行才受《银行法》的约束，不属于联邦储备系统的公司则可以不遵守《银行法》的规定，即可以拥有并投资其附属公司。看来只要法律有漏洞，这些人就会利用它为自己牟利。

令人惊讶的是，不仅是金融服务业认为新措施限制性太强，当1935年卡特·格拉斯回顾自己提出的法案时，也认为有点儿过分。他试图废除其中的一些措施，但没有成功。多年来，业内人士、法院和国会都对该法案进行了辩论和解释。在努力掌控银行的过程中，《银行法》背道而驰，争论持续了数十年。

投资银行家将不再被允许玩弄商业银行的存款。

接下来会发生什么？

随着世界的变化，美国的经济政策也在超越《格拉斯-斯蒂格尔法案》，发生了变化

▲ 比尔·克林顿签署《格雷姆-里奇-布莱利法案》，再次允许银行寻求商业和投资机会

随着银行业的变化和发展，《格拉斯-斯蒂格尔法案》的条款开始变得越来越严格，金融业开始反对它。由于金融业是一个规模庞大而又极为富裕的行业，随着其影响力不断扩大，金融业人士利用法案中的漏洞，使越来越多的法庭支持对自己有利的解释。

随着全球金融业的发展，美国的银行界认为他们不可能与外国证券公司竞争，在经济繁荣的20世纪80年代，国会开始着手废除法案中的一些条款。这是该法案结束的开始。

1999年，比尔·克林顿总统签署了《格雷姆-里奇-布莱利法案》。该法案废除了《格拉斯-斯蒂格尔法案》的主要条款，允许银行再次涉足投资、商业银行及保险领域。不到十年，美国就遭遇了经济衰退，立法者试图恢复《格拉斯-斯蒂格尔法案》的规定，重新控制金融行业。虽然他们的努力没有成功，但这一有争议的法案再次登上了新闻头条。

吹牛指南：新政

美国 1933—1939

大事记

1933年3月4日

罗斯福一上任，就开始精心策划一系列立法改革和计划，以振兴经济。

1933年3月9日 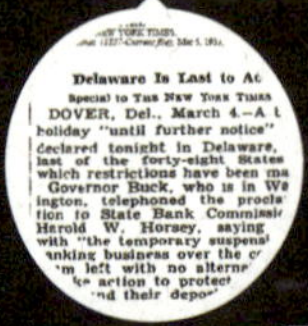
上任不到一周，罗斯福就签署了《紧急银行法》，以稳定美国的银行体系，避免进一步的失败。这被证明是一个巨大的成功。

1933年4月5日

由于新的民间保护组织的成立，300多万失业的美国人加入了一个新的有偿项目，以保护森林。

1933年11月9日

和气候变化委员会一样，土木工程局雇用了400多万失业的平民来修建道路、学校等。

"新政"是什么？

1929年股市崩盘引发的灾难性经济大萧条之后，"新政"是旨在重建美国经济的一系列联邦改革。这是一个庞大的、由多人主导的政治计划，从重振农业到对导致1929年华尔街崩盘的银行体系实施安全措施，无所不包。

在富兰克林·D. 罗斯福总统的策划和带领下，新政贯穿了他整个的总统任期，弥合了政府和民众之间的分裂。

总结一下其理念，新政建立在三个关键原则的基础上：救济、复苏和改革。罗斯福希望为美国最贫困的人口提供救济，推动工业和农业的复苏，并改革银行系统。作为其设计者，罗斯福在这一时期的"炉边谈话"成了处于挣扎中的美国人的希望之声。

会有什么后果？

对于1929年至1933年担任美国总统的赫伯特·胡佛来说，华尔街的崩盘和大萧条的开始，仅仅是一个最终会过去的经济阶段。他认为不需要真正的联邦干预，这只是"我们国家生活中的一个短暂事件"。然而，经济并未复苏，因缺乏改革或政府援助性的救济措施，国家越来越陷入财政困境。

胡佛的继任者罗斯福入主白宫后的几天之内，就精心策划了一系列改革，以实现他竞选总统时的承诺。在接下来的八年总统任期中，"新政"的核心内容是重建美国国内经济，帮助支持美国最贫困的地区，并阻止这样的灾难在未来重演。

你知道吗？

新政并没有像罗斯福所希望的那样迅速地恢复经济，因此，1935年他开始了一项更为激进的计划，被称为"第二次新政"。

涉及谁？

富兰克林·D. 罗斯福
1882年1月30日—1945年4月12日
罗斯福是"新政"的缔造者，1945年去世之前，在整个20世纪30年代和"二战"期间，他都支持这项改革。

弗朗西斯·汤森博士
1867年1月13日—1960年9月1日
"汤森计划"是大萧条时期受欢迎的养老金计划，它影响了社会保障计划。

休伊·P. 朗
1893年8月30日—1935年9月10日
身为路易斯安那州州长和参议员，休伊·P. 朗是大萧条时期财富再分配的主要倡导者。

1934年8月8日
罗斯福精心策划了修建运河的计划。这条运河不仅为全国提供灌溉用水，而且为水力发电奠定了基础。

1945年4月12日
罗斯福死于脑溢血。但新政的遗产得以留下来，许多改革至今仍存在于美国法律中。

▼ 1931年，芝加哥，大萧条时期，传统上被认为家庭经济支柱的男人，每天却花几个小时排队领取免费食物

生活还在继续

大萧条是划时代的，也是毁灭性的，但除了那些结束了自己生命的不幸的人之外，这并不意味着世界末日的到来。

肖恩·伊根 / 文

对于大萧条时期的失业者来说，每一天都是从找工作开始的。失业是一种痛苦的经历，不仅令人沮丧，也让人感到耻辱。失业者在工厂和造船厂排队，希望经理或领班会贴出那个神奇的宣告："招工"。当然，所需的工作岗位数量只会使一小部分人满怀希望。为了排在队伍的前列，打架斗殴经常发生。

到了中午，许多人已不再想起床出去找工作了。机会少得可怜，让人灰心丧气，无奈只好想办法打发时间，尤其是那些无家可归的人，比如"胡佛村"的居民。图书馆温暖的环境比书架上的书更吸引人们前往打发时间。

减少非分之想不仅仅是失业者的现状，那些有幸未失去工作的人也认命了，学会了接受低酬且欠公正的工作，他们还经常被老板提醒：如果懈怠，有很多人愿意取而代之。

无论是在职的还是失业的人，每天多多少少都会涉及犯罪活动。对违法行为的抵抗在某种程

▲ 那些父亲失业的男孩子参加了由肯特童子军举办的夏令营。对于在大萧条中挣扎的孩子们来说，难得有这样的经历

度上正在瓦解，尤其是那些不顾一切、近乎绝望的想喂饱孩子的父母，更是如此。人们可能很少谈及变革，与以前相比，更多的人认为轻微的犯罪行为是正当的，如入店行窃或窃电。还有所谓的道德犯罪，如不信教的人谎称信教，只是为了得到"救世军"（the Salvation Army，1865年成立于伦敦的一个国际基督教及慈善公益组织，自称是一支"以爱心代替枪炮的军队"，旨在向穷人传教，并提供物质及心灵上的帮助，共有200多万成员，美国人较多）所提供的食物和庇护所。与这些无害他人的犯罪相比，阴险邪恶的是抢劫和盗窃：周末下班回家的路上，人们不得不小心翼翼地守护着他们的工资袋。

然而，犯罪从未被人们认为是普遍的威胁。像"邦妮和克莱德"（克莱德·巴罗和邦妮·伊丽莎白·帕克在大萧条时代相识并相爱，他们结伴盗窃、杀人、卷入黑帮，几次入狱而又逃脱。1967年，他们的故事被拍成电影，名为《雌雄大盗》，或译《夺命鸳鸯》）这样的"壮举"在当时依然是新鲜事，他们的故事通过大众媒体传播，被赋予一种人为的意义。事实上，这样的人只是少数，社会仍然有序运行。

典当、以物易物和行乞成了人们日常的生活方式。因为客户没有其他支付方式，实物交易也被接受。乞讨和接受施粥之间只有一线之隔。对许多人来说，造访街上的施粥厨房成了家常便饭。那些自尊心太强而不愿接受施舍的父母会把他们的孩子送去，因为他们知道，孩子们的羞耻

眼含泪水,翩翩起舞

**公众为了分散注意力
甚至为了食物,去跳舞**

去舞厅跳狐步舞、探戈和华尔兹舞,可以驱散大萧条带来的烦恼。许多人也参加了"舞蹈马拉松"。这基本是耐力测试,组织者让参与的情侣们尝试连续几天不间断地跳舞,为之提供收入,并向观众收费。

坚持到最后的情侣们,有机会赢得一大笔钱,但残酷的现实是,一些人之所以去参加,只是因为组织者给他们提供食物。这种现象在小说家霍勒斯·麦考伊的《他们射马,不是吗?》中成为不灭的记忆。这篇小说后来被改编成电影,由简·方达饰演。

◀ 1935年的一场舞蹈马拉松中疲惫的舞者

感没有那么根深蒂固。

另一个新的但常规的活动是自己种植农产品。这并非出于喜欢耕种,而是把耕种作为获取厨房食物的一种手段,因为并不总是有钱购买食物。制作或修补衣服也一度兴起。穷人也不再简单地穿破旧的衣服,而是用纸板为穿破的鞋子制作鞋底,用土豆包装袋缝制内衣。

性,作为人们在困难中寻求慰藉的方式,可能被认为不受大萧条的影响,但是,发达国家的出生率却出现下降。这在某种程度上是由于性活动的减少,也是由于频繁使用避孕措施。家家户户都担心会多一张嘴,尤其是当时大多数家庭人口比现在多。由于未来的不确定性,结婚率也下降了。

心理健康状况也不尽如人意。对孩子们来说,一个必经的心理之路是认识到他们的父母并非绝对正确。但在大萧条时期,这种认识来得往往要早得多,因为年轻人发现,父母也像婴儿一样无助。此外,男性越来越感到软弱无力,女性劳动力实际上有所增加。在一个性别角色划分严格的社会里,只有女性愿意担任秘书和电话接线员的工作。虽然额外的家庭收入是令人愉快的,但男人养家糊口的地位被削弱了。这虽然并不一定反映在离婚上,但离婚仍然是社会禁忌,经济代价也大。要么丈夫抛弃妻子,要么夫妇在紧张的气氛下仍住在同一屋檐下。

出生率下降的同时,自杀率却在上升。报纸的头条上充斥着引人注目的、虚构的从华尔街窗户跳楼自杀的信息,以及其他无数次悄无声息的死亡信息,而那些丧失抵押品赎回权的农民或走投无路的下岗工人的自杀信息却从未登上报纸的头条。保险政策仅为配偶和子女提供生活保障,这有时会迫使一些男人选择自杀。街角经常会有奄奄一息的人。在许多地方,看病是要收费的,有人因无钱医治而使健康状况变得更差,公共汽车上经常有人因为饥饿而晕倒。

许多人的日常生活完全被打乱。人口流动有所增加,特别是青少年,他们不安地意识到他们是家里需要养活的一张嘴。人们四处游荡,寻找季节性工作,或者跳上火车前往就业机会更多的大城市寻找工作,找到工作后,已婚男人会寄钱回家,也会经常回家看看。

流浪汉和无家可归者差别不大。在一些国家,流浪是一种刑事犯罪,人们可能会因为露宿街头而被罚款或监禁。监禁这些人似乎创造了一种虚假的经济,他们在监狱里被迫劳作,从而为政府提供免费的农业或制造业的劳动力。

在美国,由于流浪者数量增加,出现了著名的"流浪汉代码"(Hobo Code):流浪者(乞讨者)会在一些房屋上用粉笔画上符号,以便向下一个乞讨者表明,当地居民对这些乞讨者是否欢迎,是怀有敌意还是慷慨大方。

娱乐方面,广播是人们娱乐的主要来源。尽管1938年由奥逊·威尔斯根据小说《世界大战》改编而成的当时最臭名昭著的广播剧引发了恐慌,无意中触及了美国人心里的不祥预兆,但肥皂剧、音乐和其他各种各样的节目还是很受欢迎的。

如果你有足够的能力购买留声机播放流行音乐,就是逃避现实的好途径。同样的还有社会评论节目——《兄弟,你愿意付点儿小钱吗?》从20世纪30年代中期开始,摇摆舞音乐乐观向上的基调占据了主导地位。

奇怪的是,英国电影处于蓬勃发展之际,

▲ 多萝西·兰格拍摄的加州贫困采豆者弗洛伦斯·汤普森的照片。大萧条对人们的健康造成了损害,既有身体上的,也有心理上的

影院上座率在1939年高峰时达到了9.9亿人次，但此时，美国电影上座率则呈下降趋势。1927年有声电影出现后，美国电影开始大流行，电影成为一个快速发展的艺术形式。但在1929年至1934年，有超过三分之一的美国电影院关闭。美国人转向廉价的娱乐形式，如棋盘游戏和迷你高尔夫。后因电影票价的下降，电影主题出现转向，出现了音乐剧和爱情故事电影。

尽管受欢迎程度在下降，但英国人所谓的音乐厅和美国人的杂耍表演仍然是现场表演，只是形式有所变化。这种情况一直持续到电视机的出现。

当然，体育比赛可供消遣，尤其是自己喜欢的球队获胜的时候。当时的英国就像现在一样，全国比赛主要是足球比赛。当球队受到观众欢迎时，就意味着球员可以享受当时的最高工资待遇。体育运动虽然在美国正处于兴盛之际，但也受到了一些影响。1930年到1933年，棒球比赛上座率下降了40%，球员平均减薪25%。与此同时，20世纪20年代很流行的室外自行车比赛运动遭遇失败，再也没有恢复。

工人阶层经常阅读的是那些低俗杂志和哗众取宠的报纸，阅读仍然是整个社会的一项主要休闲活动。

一些高雅的文学作品也涌现出来。当然，世界上的可怕事件都在那些小说里公之于世了。如詹姆斯·T.法雷尔的《斯塔兹·朗尼根》三部曲、约翰·斯坦贝克的《愤怒的葡萄》、沃尔特·格林伍德的《失业救济金之爱》和乔治·奥威尔的《通往维根码头之路》都是当时冷酷现实的写照。但同时，这些小说对那些亲历者理解当时的社会也是一种抚慰。现在，它们又为后世提供了一幅关于那个错乱世界的珍贵而详尽的图景。

积习难改

在萧条的经济中，人们学会了节约，这一点他们永远不会忘记

▲ 斯图兹·特克尔收集了仍健在的当时普通人的口述历史，揭示了大萧条如何塑造了一代人

"今天这些孩子让我吃惊。我的意思是，他们正在吸烟，一辆公共汽车来了，他们会扔掉整个烟蒂。而我则不是，我会把它放在口袋里。"垃圾收集员弗兰克·泽尔旺卡对斯图兹·特克尔如是说。这是历史学家斯图兹·特克尔在他那本广受赞誉的历史书《艰难时代：亲历美国大萧条》中记载的。

值得一提的是，泽尔旺卡是在20世纪70年代初讲的这番话。他的话表明，大萧条时代形成的受益终身的节俭习惯是潜移默化的，也是难能可贵的。这种精打细算的做法足以让大萧条幸存者们的孙辈们感到可笑，这些孩子只知道相对富足的生活，而对其他一无所知。

▲ 孩子们经常被送去乞讨，或去街上的施粥厨房寻找食物

▲ 被称为"胡佛村"的临时棚户区遍及美国各地

萧条与异见

20世纪30年代是一个充满冲突和动荡的时代，资本主义的根基遭到动摇，但社会激进主义可能拯救了经济。

肖恩·伊根 / 文

　　这是重新评估一切的时代。美国人一直很乐观，认为只要努力工作，就会得到回报。但现在，贫穷令人震惊地蔓延到全国，随处可见被迫在街上叫卖苹果的人，"胡佛村"也遍布各地。"胡佛村"是指无家可归的流浪者搭建的巨大棚户区，以赫伯特·胡佛总统的名字命名。胡佛在经济急剧衰退时显得很无力，但并非所有国家面对贫困都无能为力。

　　困难时期的英国人开始质问：这个占地球面积1/4的帝国，为什么即使在经济繁荣时期，也会有很多百姓生活在贫困中？在经济萧条背景下，政治异见和社会激进主义的激增显然不可避免。

　　20世纪30年代的异见和抗议活动也并非能够轻易得势。游行和示威活动经常遭到政府的暴力镇压，在一个比今天更专制的社会里，政府的过激反应甚至不会受到广泛批评，更不用说惩罚了。面对贫困，只有那些认为自己没什么可失去

▲ 1931年1月,警察清除了由共产党人和失业示威者发起的绝食游行

的人,才会心安理得。1932年7月,美国"一战"老兵组成的"酬恤金军团"上街游行,他们向总统请愿,要求政府立即支付原计划于1945年支付的酬恤金。失业的老兵们愤愤不平,他们在战争中为国家做出牺牲,最终却失业了。

这一要求激起了强烈的同情,警察和海军陆战队员拒绝将约4.3万名游行者赶出华盛顿。在军队步兵与骑兵的帮助下,道格拉斯·麦克阿瑟将军对拒绝执行命令的警察和海军陆战队员动用了武力。

随后发生骚乱,警察动用了催泪瓦斯和高压水枪。当然,事情闹大了,政府可就吃不了兜着走了。

还有一些其他形式的直接抗议。因农作物价格下跌,一些地区的玉米比煤炭还便宜,农民甚至烧玉米取暖。许多农民无法赎回贷款抵押品,而一旦获得法官批准,农民的资产就会被拍卖,农民也将丧失维持生计的手段。

同情者想出了"一分钱买卖"的主意,即朋友和同盟者以低到可笑的价格购买农民的财产,如25美分买一匹马,10美分买一个犁,等等,然后再把买的东西还给他们。尽管出价更高

而未买到的人受到暴力威胁，但这种"一分钱买卖"却是合法的。"农场假日运动"则是另外一种解决办法。"农场假日运动"由艾奥瓦州的米洛·雷诺发起，目的是迫使农产品价格上涨，他们封锁高速公路，挥舞干草叉，以阻止农民去市场上低价出售农产品。

失业委员会的方法似乎更成熟些。尽管这个委员会是由共产主义者建立的，但大多数成员并不是左翼分子。因此，当他们为提高待遇和救济失业者而请愿时，政府机构很少怀疑他们。失业委员会并非不愿动用武力，他们会全体出动阻止穷人被房东赶走。

在英国，绝食游行的传统可以追溯到20世纪的第一个十年，但真正兴起则是在20世纪30年代。1936年10月的"贾罗改革运动"（the Jarrow Crusade）是当时一次规模不大却最著名的游行。英国东北部的城镇贾罗因造船业亏损，经济凋敝，失业率高达70%。当地议员艾伦·威尔金森与20名请愿者一起行军480千米，要求政府在当地建一家钢铁厂。他们故意使用"改革运动"（Crusade）一词，意在与共产党的运动区别开，因为后者经常组织这样的抗议活动。但首相拉姆齐·麦克唐纳还是拒绝接待游行代表团，也没有为此采取措施。

在世界各地，不顾一切地想要保住工作的想法使在岗员工们不愿意打破现状。尤其是在美国，因为担心被贴上"红色"标签，美国工会活动的积极性受到抑制。20世纪30年代，由于雇主利用其有利地位削减工资和降低工作条件，致使美国工会会员数量翻了一番。

1910年至1911年，工人运动的组织者遭到了强烈镇压，英国内政大臣温斯顿·丘吉尔镇压了所有要求改善工作条件的矿工罢工。这一事件和1926年那场失败的大罢工一样，令人痛心且记忆犹新。在美国，警察和义务警员破坏工人集

▲ 在1937年的阵亡将士纪念日活动中，芝加哥防暴警察粗暴对待一名罢工者

▲ 由美国"一战"退伍军人组成的酬恤金军团驻扎在华盛顿特区的国会大厦外,要求发放救济金

▲ 酬恤金军团的游行者与警察对峙

▲ 菲利普·伦道夫是卧铺搬运工兄弟会的代表,该工会由非裔美国铁路工人组成

会可以免受惩罚,而罢工委员会则可能被控犯有阴谋罪。最严重的事件发生在工人为纪念大屠杀(1886年5月1日芝加哥工人罢工导致的屠杀)的活动中。1937年,为抗议政府不承认工会权利,钢铁工人组织委员会组织了一次罢工行动。5月30日,钢铁工人组织委员会的支持者们在芝加哥的共和钢铁大厦前游行,遭到警察射击,造成10人死亡。

1936年美国密歇根州弗林特的"静坐罢工"显得更加小心翼翼。通用汽车的工人以这种方式提出各种要求,包括承认工会的合法权利和实行最低工资制。他们的行为是非法的,但密歇根州州长弗兰克·墨菲拒绝派出国民警卫队前往平息,理由是可能会引发比警察试图切断罢工者食物供应严重得多的暴力事件。当罗斯福总统建议公司同意罢工者的要求时,工人斗争实际上取得了胜利。

在大萧条时期,卧铺搬运工兄弟会成为第一个著名的非裔美国人联盟。它旨在改善工作条件及解决恶劣的不公平待遇问题。例如,如果黑人搬运工和顾客发生争执,有修养的做法是要求他们相信顾客。卧铺搬运工兄弟会创建者兼主席菲利普·伦道夫在无报酬的情况下为此工作了12年。在此期间,工会未必取得了多少法律意义上的胜利,但它打破了黑人与白人原有的抵触同等权利的观念。该工会成立于1925年,1938年终获承认。

尽管大萧条使许多冲突和斗争在有限的范围内进行,但一些西方人考察苏联后发现,社会主义国家似乎受经济衰退的影响较小。莫斯科的经济是受管制的，在很大程度上是封闭的，但这一点并没有令仰慕者们如法炮制。西方活动家的诉求往往是就业，而不是革命。许多人认为，大萧条不可避免地会带来社会起义，但这在西方从未发生。

这一现象在一定程度上归因于大萧条现状下人们更喜欢服从政府。另一个现实是，尽管数百万人失业，但失业率从未超过20%，这个数字虽然高得令人揪心，但绝大多数人都在工作。因此，未发生起义的原因在某种程度上与大萧条的社会现实有关。

当尘埃落定，美国人对自由企业的信念并没有被摧毁：一直以来，美国比自由世界的任何国家都更抵制左翼政治。在西欧，由于最近的经济危机，福利制度已经比美国先进得多，并得到进一步改善，但没有一个欧洲国家走上社会主义道路。

西方之所以没有走上俄国1917年革命的道路，很大程度上归因于政府干预，而这种干预在几年前还被谴责为社会主义。1935年的《国家劳工关系法》是一个真正的转折点。这项旨在鼓励以集体谈判方式解决劳工关系的法案也被称为《瓦格纳法案》，它在公众意识中植入了这样的观念：如果政府承认其有效性，那么有组织的劳工就不会具有贬义。同年，罗斯福总统成立了公共事业振兴署，并将它纳入国家救济体系，它以为失业者提供工作的方式保护了他们的尊严，从而维护了社会秩序。这种做法在以前被认为是非美国式的，现在，人们接受了联邦政府干预经济、国家有责任帮助人们摆脱经济困境的理念。通用汽车的罢工为现在发达国家普遍实行的每周40个小时的工作制铺平了道路。

20世纪30年代和40年代，世界各国政府开

报复

大萧条期间，抗议者和激进分子取得了许多胜利，但一些人却为此付出了惨痛的代价

毫无疑问，大萧条时期的抗议活动促使美国政府通过了保护穷人的立法，但几乎没有人能预料到，20年后，这种社会进步却出现了倒退。它发生在"二战"后美国的繁荣时期，人们不再关注那些逐渐消逝的苦难记忆，而是对赤色运动充满恐慌。像参议员约瑟夫·麦卡锡这样的冷战斗士就借此机会把以前那些异见人士重新定义成"非美"。那些曾经以参加游行和罢工为荣的人现在对此保持沉默，以免被类似众议院的"非美调查委员会"传唤。听证会上，他们可能会受到哗众取宠的政客们羞辱性的公开拷问，这些拷问中还夹杂着谄媚的问题，最经典的问题是：你现在或过去是共产党员吗？回答这个提问可能会摧毁其职业生涯，甚至被列入黑名单。为了避免这种命运，一些人放弃采取激进主义做法（指游行或反叛），甘愿陷入贫困。可悲的是，这种贫困不是经济衰退的必然结果，而是政党之争的后果。

▲ 参议员麦卡锡是20世纪50年代美国反共产主义的代表人物，他指控政府、军队等机构中有共产主义的同情者

始着手完善和纠偏各种制度。市场经济被保留下来，但要避免其再次崩溃。这一变革之路是由大萧条期间带着不满和横幅走上街头游行的普通人铺就的。

原因和效果

20世纪30年代,大萧条的爆发在世界各地引发严重的社会动荡,刺激了对现状不满的冲突和政治异见。这是工人们从英格兰东北部的贾罗向伦敦进发的情景。

▲ 20世纪30年代,纽约,背景是曼哈顿大桥

1933年的纽约

经历了20世纪20年代的繁荣后,美国人发现他们陷入了债务和绝望的深渊

20世纪20年代,美国经历了一场繁荣,这十年被称为"咆哮的20年代"。在那些光彩夺目的日子里,民族精神和乐观主义大行其道;盛况空前,似乎一切皆有可能。但1929年股票市场的灾难性崩溃颠覆了这一切。

金融危机带来的戏剧性后果为20世纪20年代充满希望的繁荣落下了帷幕,并使这个国家陷入历史上最严重的经济萧条。1929年失业率为3%,1933年已飙升到25%。总统赫伯特·胡佛曾错误地认为,这场危机将很快解除,然而政府对抗危机的微薄努力只能导致情况恶化。

很快出现了大规模无家可归的人;纽约市从大都市变为大量棚户区和"施粥厨房"。为养家糊口而苦苦挣扎的人们试图靠在街角卖苹果赚点儿零钱,勉强度日。这座曾吸引四面八方来客的城市,现在却将他们赶了出去。移民,甚至是美国公民,都拥出了这座城市,渴望在其他地方找到工作和食物。

工业

20世纪30年代对大多数行业来说都是艰难时期,私营建筑行业遭受的打击最大。"新政"鼓励扩大城市建设,但许多房主由于租户无法支付租金而导致资金枯竭。更深受其害的是那些从事制造汽车、机械和冰箱等重工业的工人,他们的生活和企业的生产一样难以为继。

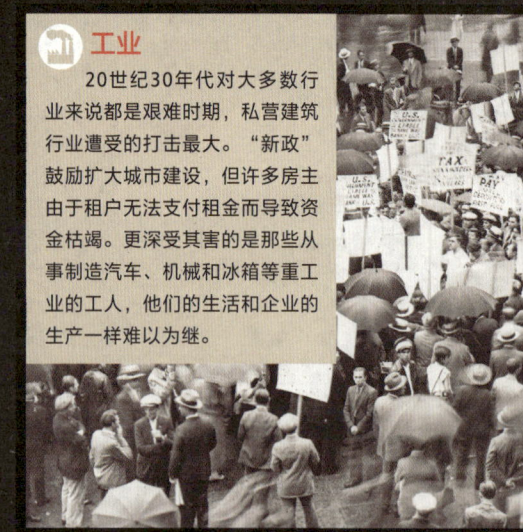

▲ 因为许多家庭无法维持生活,抗议活动在全国范围内爆发

▼ "胡佛村"是以胡佛总统的名字命名的，胡佛被认为应该对经济萧条负责

🏠 住房

随着失业率攀升到25%，成千上万的美国人无法维持生活，流离失所，他们开始形成被称为"胡佛村"的棚户区。这些由纸板箱、帐篷和木棚搭建而成的棚户区，没有下水道或污水池，垃圾被直接扔到街上。

👪 家庭

身无分文的情侣们被迫推迟结婚，离婚率也因人们支付不起律师费而下降了。家庭中的传统角色受到挑战，妇女因为容易找到工作而成为经济支柱。许多失业的男人抛弃了家庭，约150万妇女独自抚养孩子。

▲ 失业的纽约人被迫在街上卖苹果，以维持生计

🎨 艺术

大萧条促使许多美国作家创作了一些历史上最著名的小说，如约翰·斯坦贝克的《愤怒的葡萄》和《人鼠之间》。这一时期的作家之所以能够开始他们的职业生涯，要归功于"联邦作家计划"，这是1935年联邦政府推出的一项艺术救济计划。

▼ 罗斯福新政为基础建设项目提供资金，试图推动已停滞的经济

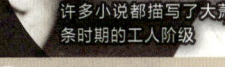

▲ 约翰·斯坦贝克的许多小说都描写了大萧条时期的工人阶级

📺 媒体

当许多人没有钱娱乐时，电影仍是受欢迎的消遣方式。喜剧和黑帮电影恰好让人们从日常的艰难生活中暂时逃离。收听免费的广播是一种非常受欢迎的消遣方式，肥皂剧、体育赛事和摇摆舞音乐日益流行。

🏛 政府

总统胡佛因为抗击大萧条措施不力而备受批评，1932年大选，富兰克林·罗斯福轻松获胜。与其前任不同，罗斯福着手进行一系列被称为"第一次新政"的改革，致力于重建国家。胡佛执政期间，国债占国民生产总值的比例从20%升至40%，但在罗斯福执政期间，这一比例保持稳定，没有进一步上升。

▲ 饥饿而绝望的失业工人迫切需要政府的救助

英国和大萧条

20世纪30年代的大萧条让英国陷入苦难，这个国家从未经历过类似的事情。失业率飙升，企业倒闭，政府和民众陷入困境。

凯瑟琳·柯曾 / 文

众所周知，1929年，大萧条使美国陷入瘫痪，但其影响并非仅限于一国。经济崩溃的毁灭性影响如海啸般席卷了全球金融市场，很少有地方未受影响。对于"一战"后仍在拼命挣扎、试图走上正轨的英国来说，其影响也是令人震惊的。

1931年，当大萧条袭击英国时，英国发现，宣称自己赢得"一战"胜利的权利却被剥夺了。当时，英国正处于战后经济复苏期，其金融恢复的核心是所谓的金本位制，即将单位货币的价值视为等值的黄金。"一战"爆发后不久，英国放弃了金本位制，但1924年温斯顿·丘吉尔当选财政大臣后，英国恢复了金本位制。专家和顾问们警告说，汇率的跃升将导致英国失业的增加及对英国出口量需求的减少，进而导致工业灾难。但丘吉尔不顾专家和顾问的建议，决定继续努力。他以4.86美元兑换一英镑的汇率使英国恢

▲ 1936年，贾罗的200名失业居民不顾一切地向伦敦进军，要求政府援助他们严重匮乏的城镇

复了金本位制。

　　这意味着汇率上升了10%，英国海外出口成本也迅速飙升。由于无法通过降低价格来消化这10%的成本，企业采取的应对措施是削减工资，让工人待在家里，少花钱。这是一个毁灭性循环的开始。由于汇率大幅度上升，海外对英国商品的需求下降，英国开始感受到压力。英国的失业人口达到100万人，工业在经济衰退的影响下举步维艰，这对工业中心地带的工人来说，是一场真正的生存之战。

　　事实证明，世界范围的大萧条对那些依赖重工业和出口的地区的打击是致命的。战争结束后，当所有国家都感到财政压力时，对英国出口产品的需求已大为降低，大萧条则导致这些需求完全枯竭。在12个月的时间里，尽管就业率翻了一番，但依然有20%的工人失业，他们几乎没有希望再找到工作。毫无准备的工党政府努力为深陷赤贫的人们提供帮助。1931年7月，政府从5月份的报告中得出结论，平衡公共账目的唯一方法是向富人增税，进一步削减公共部门的工资和支出。尤其要削减的是支付给失业者的救济。原本算不上慷慨的失业救济金，现在又要削

在 12 个月的时间里，尽管英国的就业率翻了一番，但仍有 20% 的工人失业。

▲ 在那些靠重工业发展起来的地区，大萧条时留下了大片荒地，还有成千上万的失业人口

减10%。这些极端手段导致政府内部分裂，使本已摇摇欲坠的政府陷入瘫痪，并在投资者中引发了恐慌，随着经济的明显下滑，他们开始惊慌失措。英国仅存的资本被抽走，动摇了剩余的经济资本。

经济衰退使政府垮台。由工党、保守党和自由党联合组成的国民政府被取代，但在随后的大选中，保守党赢得了全部选票，将工党边缘化。

新政府立即采取紧急措施。为使更多的钱投入到经济复苏中，政府增加税收，进一步削减公共部门的工资支出和失业救济。但这些应急计划起到的作用只是削弱了国家的消费能力，英国陷入更为严重的赤字，难以想象的是，失业人数达到300万人。

越来越多的英国人失业，未来黯淡。尽管英国是世界上最发达的国家之一，但其福利制度即使在大幅削减之前，也绝算不上慷慨。福利金是根据领取者在工作期间缴纳的工资数额发放的，最多也只能领取15周。一旦达到15周，救济金就会停发，失业者只能依靠当地政府济贫法获得救济。然而，当经济衰退席卷英国时，几乎没有多余的钱用于救济，那些工资收入不足以缴纳失业救济金的人，根本无法获得政府的任何援助。

随着救济来源的枯竭和越来越多的人加入失业大军，贫困人数以无法遏制的速度增长，必须采取一些措施。地方税收无法提供足够的资金来满足济贫法律的救济需求，最终福利制度完全集中化，由国家税收而不是地方税收来支付。

1931年，政府被迫引入一个新的失业救济制度，即依据个人需要，而不是根据申请人已经缴纳的工资金额支付救济。政府官员通过严格审查评估申请人的经济状况，以确保他们没有试图隐藏资金，并尽可能节俭地生活。几乎没有什么解释或操作的余地，经济状况调查也没有可钻空子的余地。

这些公共援助委员会常有令人尴尬的经历。他们常常精疲力竭，麻木不仁，这令那些接受经济状况调查的人蒙羞。在那些需要援助的人已近乎绝望的时候，这种经历再次给他们带来了沉重

▲ 随着失业人数的飙升，绝望的工人为未来寻求保障

▲ 在北方，工业的大规模破坏导致社会瘫痪

的打击，这是一种残忍的甚至有时是不人道的经历。在政府评估员的全面审查下，他们被迫出售哪怕是最不值钱的奢侈品，而无视其情感价值。

历经这些灾难的财政部，甚至在工业中心地带的救济队伍变长时，仍然坚持金本位制，他们坚信只有它才能成为经济复苏的关键。然而，到1931年秋，人们痛苦地发现，金本位制难以为继，财政部被迫宣布放弃。

放弃金本位制的决定非但没有为经济敲响丧钟，反而具有启示意义。英镑汇率下跌后，英国的海外出口在金融上变得可行而又有吸引力。市场开始缓慢复苏，英国逐渐找到了走出大萧条的道路。当24%的工人正在失业和工业地区深陷贫困时，这一刻来得正逢其时。

英国开始重建，但这是一个痛苦而又缓慢的过程。东南部地区复苏速度较快，但受到重创的威尔士和北部工业重镇恢复则比较艰难。仅在格拉斯哥，就有30%的工人处于失业状态。加入绝食游行的失业工人们，也加深了对困境的认识。由于几乎没有足够的钱养活家人，可怜而有限的食物和不良的卫生条件造成死亡和发病率的上升，他们的健康状况每况愈下。也就在这时，首次有人提出免费向所有人提供国民保健服务的主张。

然而，对于那些仍然在工作和有工资的人来说，生活可能是甜蜜的。随着物价下降和政府鼓励消费，他们可以偶尔犒劳一下自己，有能力满足条件的人还可以分期付款购买。尽管程度有所不同，但娱乐仍然是为数不多的几乎所有人都能享受的东西之一。那些支付不起剧院和电影院费用的最贫困的家庭通常也能在家里听听广播，尽管广播娱乐还不能缓解大萧条带来的痛苦，但英国无线通信的黄金时代已经到来。

1934年，《失业法案》将失业救济和保险福利分开，恢复了已削减10%的救济金。尽管失业援助委员会继续调查经济状况，但对那些面临被调查的人来说，调查的侵入性和羞辱性已有所降低。大萧条的结果是奠定了工党的"从摇篮到坟墓"的福利和医疗制度，这一制度根据需要，首次尝试区分那些自己试图摆脱困境却依然失业的人，他们也是世界性悲剧的受害者。

当英国加入第二次世界大战时，失业率正在下降，政府针对重灾区，重点扭转经济衰退。经济复苏缓慢而又痛苦，在大萧条过后的几十年里，英国人仍能感受到它的影响。

关键人物

大萧条冲击下，
在痛苦中挣扎的英国出现了五个重要人物

温斯顿·丘吉尔

1924年，温斯顿·丘吉尔被斯坦利·鲍德温首相任命为财政大臣。1925年，丘吉尔恢复了英国金本位制度，人们还为他临危受命在战时（1940年）当选首相而欢呼。但恢复金本位制度并不是一个明智的决断，对英国经济来说，这个决定是灾难性的。1929年，丘吉尔卸任财政大臣。

拉姆齐·麦克唐纳

1929年到1935年，麦克唐纳担任英国首相，他带领国家挺过了大萧条。作为国民政府的首脑，麦克唐纳和他的政治对手结成联盟，被他以前的工党伙伴看作叛徒。

菲利普·斯诺登

1929年到1931年，菲利普·斯诺登担任英国财政大臣，因忠心于国民政府，他被工党开除党籍。这位作风强硬、精通金融的政治家以缺乏灵活性而著称，当他提出的对进口商品加征关税的建议无人理会时，他辞职了。

奥斯瓦尔德·莫斯利

奥斯瓦尔德·莫斯利后来成为臭名昭著的英国法西斯联盟领导人。他曾倡导以建造大规模的公共工程提供就业，推动经济复苏。他曾经是托利党党员，后转向工党，当他提出的计划被否决后，他又另组了新党。

内维尔·张伯伦

1931年，内维尔·张伯伦被任命为财政大臣，他上任后立即免除了殖民地10%的进口税，并严格维持已提出的预算计划。他主持成立了失业援助委员会，该委员会为那些已经缴纳和没有缴纳费用的人提供救济。

经济衰退催生了独裁者

在华尔街崩盘带来的废墟中，
出现了一位魅力超凡的领导人，
他承诺要拯救德国，
改写历史。

查尔斯·金杰 / 文

▲ 1930年，绝望的人们在波茨坦的一个就业中心外排起了长队

辜负德国的人

面对一场席卷全球的金融危机，魏玛共和国总理未能完全改变人民的命运

▲ 布吕宁最终被他的政治竞争对手取代，1934年逃往美国，后在哈佛大学获得了政治学教授职位

作为"一战"的退伍军人，海因里希·布吕宁在战争结束后复员，1920年至1930年在德国工会联盟任职，之后以布雷斯劳议员的身份进入政界。

布吕宁被认为是一个金融专家，不久后被任命为天主教中央党的领导人。他精明强干，领导有方，知名度不断提高。1930年3月，联合政府垮台后，布吕宁挺身而出，组建了新政府。

布吕宁登上德国政坛巅峰之际，世界经济正在经历有史以来的最大衰退。为了应对德国的诸多困难，他没有增加政府开支，而是决定增加税收，削减失业救济。加上他的其他政策，如对海外农产品征收关税等，这些措施虽然制止了通货膨胀，但也造成了更多的失业，严重降低了人民的生活水平。

事态发展继续恶化时，布吕宁实施了紧急法令，强行通过了一些不得人心的政策，然后解散国会，重新举行大选。长远来看，这些都是非常糟糕的决定。1930年9月的选举结果显示，纳粹党获得了巨大的支持。通往权力的大门已为希特勒敞开。

研究重大历史悲剧事件时，为便于探讨更为复杂的问题，常常容易落入过度简化事件的陷阱，得出简洁而又易于解释的结论。

然而，当审视1929年10月华尔街股市崩盘的后果时，我们可以做出一个非常清醒的判断，而不必担心自相矛盾：如果没有发生大萧条，阿道夫·希特勒极有可能永远不会在德国夺取政权。

为了理解大西洋彼岸的灾难性金融危机在第三帝国的崛起中所起的重要作用，首先需要理解为什么德国在20世纪20年代末和30年代初如此脆弱，反复无常。

德国不仅承担了第一次世界大战的全部责任（德国确实在"一战"爆发中起了关键作用，但"一战"绝不仅是因德国而起），而且还承担了根据《凡尔赛条约》规定的1320亿金马克（约合330亿美元）的巨额赔款。根据该条约规定的巨额赔款，刚成立的魏玛共和国政府在德国战败后的数年中面临着前所未有的财政挑战。

为了每月向战胜国偿还巨额赔款，魏玛共和国从1919年起开始大规模印钞。不过，由于前政府当年为赢得战争及避开战争债务问题而冒险决定暂停金本位制（其货币兑换黄金的能力），魏玛共和国甚至缺乏支持如此庞大的印刷项目所需的有形材料。这种做法不可避免的一个后果是马克日益贬值。到1919年末，一美元可以兑换48马克。

由于德国未能履行财政赔款义务，1923年1月，法国派兵进入德国鲁尔区，使原本不稳定的德国经济局势进一步恶化。由于希望随时牵制法国，德国魏玛政府鼓励该地区的产业工人罢工，这一举措产生了双刃剑的效果：德国工业心脏停止跳动的同时，政府不得不在财政上支持工人。随之而来的是恶性通货膨胀，马克贬值，工业产出骤然下跌。到1923年11月，需4万亿马克才能

兑换一美元了。

对于德国人来说，值得庆幸的是，政府终于在当月采取措施牢牢地控制住了急剧恶化的经济形势。在政府货币专员雅尔玛·沙赫特的领导下，德国银行结束了政府债务的货币化，并试图引入一种新货币：地租马克。慢慢地，德国经济逐渐稳定下来，但是恶性通货膨胀的幽灵还会再次出现。

1924年到1929年是德国的"黄金岁月"，健全的经济政策改善了人们的生活水平，大多数德国人都享有相对的繁荣和安全。然而，一切并非看起来的那样好，外交部长古斯塔夫·施特雷泽曼发出警告："经济只是表面上繁荣。事实上，德国正在火山上跳舞。如果短期信贷被抽回，我们的大部分经济将崩溃。"

施特雷泽曼所说的信贷是美国根据《道威斯计划》（1924年起草的一项协议，美国几家大银行同意向德国提供两亿美元贷款），帮助其偿还盟国的赔偿债务。没有美国的贷款，德国显然无法偿还债务。如果资金流不是因经济危机被切断，德国将能够继续偿还其战争债务。魏玛政府和其他任何人都未能预料到整个资金流会被切断，更不要说想办法了。

美国股市经过多年的迅猛增长后，于1929

▲ 由于银行倒闭，拼命花钱买东西的顾客挤爆了一家百货商店

▲ 爆炸性的通货膨胀摧毁了德国经济，堆积如山的纸币随时准备发放

年10月24日突然崩溃，原因有多种，包括消费者过度自信和利率陡然上升。随着市场价值暴跌，人们争先恐后地从受困的银行中撤出资金，恐慌情绪席卷了整个大西洋沿岸，并向复苏中的欧洲渗透。毫无疑问，德国是受打击最严重的国家。

为了尽可能多地收回资本，那些向德国提供贷款的美国金融家们要求立即偿还所有贷款，而德国根本无法满足这一要求。突然间，德国工业失去了多年来依赖的拐杖，被迫蹒跚前进。随着德国各地企业被迫停工或大幅裁员，经济崩溃在所难免，这两个因素必然导致大量失业。到1929年年底，有150万德国人失业。

1930年，美国为保护自己的企业而对进口产品征收高额关税，原本可怕的经济形势进一步恶化。在此之前，美国一直是德国工业出口的最大买家。现在它什么也买不了，导致更多的德国企业停产和裁员。失业人数从150万跃升至300万。

由于几乎没有工作保障，再加上生活成本的上升，德国人不愿花钱，这是可以理解的，但是他们的谨慎只会加剧本国的经济困境，企业几乎都破产了。工业产出萎缩至1928年的58%，银行的挤兑导致许多企业倒闭。各级工人都受到了影响，食品价格上涨，让人望尘莫及，不同家庭背景的孩子们均深受其害。德国尽管少有粮食短缺，但经济衰退似乎毫无尽头，只能眼睁睁地看着孩子们饿死。

为了解决"胡佛延债宣言"（美国总统赫伯特·胡佛于1931年6月发布，允许德国延期一年偿还债务）未能解决的赔款问题，国际赔款委员会在瑞士洛桑召开会议，达成一项协议，同意德国不必立即偿还赔款，并将赔款总额减少至7.13亿美元。不幸的是，因为经济形势太糟糕，全球贸易停滞，该计划很快就变得难以为继。

受困于国内的恶性通货膨胀，德国政府拒绝增加支出，转而采取增税、减薪和削减支出的措施，以降低物价，从而错失了遏制经济下滑的机会。这些政策非常不得人心，以至在保罗·冯·兴登堡总统不得不宣布国家进入紧急状态后，才得以通过。这不仅加剧了危机，而且致命的是，它（他们掌权的方式）破坏了一个日益绝望的国家的民主制度。"绝望的时代需要绝望的措施"，这句格言以最糟糕的方式应验了。

在整个大萧条的动荡时期，一个自称德国"救世主"的人一直在向群情激奋的支持者们鼓吹如何使德国恢复昔日的辉煌，他就是阿道夫·希特勒。

面对寻求摆脱苦难的人们，魏玛共和国根本无法遏制混乱状况，从1930年起，希特勒领导的纳粹党的支持者如雨后春笋般出现。1928年，纳粹党在德国国会中仅占12个席位，到了1932年，纳粹党人自诩拥有230个席位，并被称为最大的政党。纳粹党崛起并最终掌权的关键在于德国人民渴望有人阻止国家的迅速衰落，不管他是何人。纳粹党的"25点纲领"吸引了许多人，该计划承诺撕毁令人憎恶的《凡尔赛条约》——许多人将德国的困境归咎于这个条约。该计划还郑重地宣告实施工业国有化，公平分配，取消非劳动收入（如许多人难以支付的租金等），收复失地，复兴德国。这与现任政府不痛不痒的政策形成鲜明的对比，这就不难理解为什么这么多选民蜂拥般支持纳粹及其魅力超凡的领导人了。民主信仰遭到侵蚀，富有的企业主对共产主义感到恐惧，这意味着希特勒会有很多的拥护者。

在1932年11月的德国国会大选中，希特勒对政治体制的控制就是如此，他甚至在支持率暂时下降的情况下赢得了大选（纳粹党失去了34个席位，但仍是最大政党）。在总理弗朗茨·冯·帕彭的敦促下，兴登堡总统意识到希特勒不容小觑。1933年1月，兴登堡任命希特勒为总理，冯·帕彭为副总理。兴登堡和冯·帕彭都希望操纵希特勒以执行他们的命令。因为他们的严重误判，世界为此付出了代价。

▲ 一位失业的音乐教授试图在柏林的一个广场上推销自制的明信片

德国已经陷入看似无尽头的经济衰退中，现在人们不得不眼睁睁地看着自己的孩子们饿死。

渴望工作

1930年,人们走上柏林街头抗议德国的大规模失业。游行期间,大约有200万人失去了工作。到1933年希特勒当选总理时,这个数字达到了令人震惊的600万。

艰难无处不在

大萧条的影响遍及世界各地

爱德华多·艾伯特 / 文

▲ 爱德华·达拉第,法国政治家、总理,激进社会党领袖

法国是否在不知不觉中引发了大萧条？

第一次世界大战的主要参战国中，法国是受大萧条影响最小的国家。不仅毫发无损，成功逃脱，而且失业率从未达到美国的水平，最高只有约5%。没有银行危机，生产下降幅度低于许多国家，比1929年只减少了约20%。

但是，法国的大萧条持续时间比其他国家长，到"二战"开始时仍未恢复到1930年的工业生产水平，但失业率没有下降。漫长的磨砺引发了一系列政治危机，政府不稳定，无力应对希特勒纳粹德国的侵略。

经济史学家最近的研究也提出了一个新理论，即法国银行在大萧条中所起的作用可能比以前想象的要大得多，因为法国在1926年至1932年积累了黄金储备。1926年，法国拥有世界黄金储备的7%，但到1932年，这一比例增加到27%。黄金的积累大大增加了通货紧缩的压力。

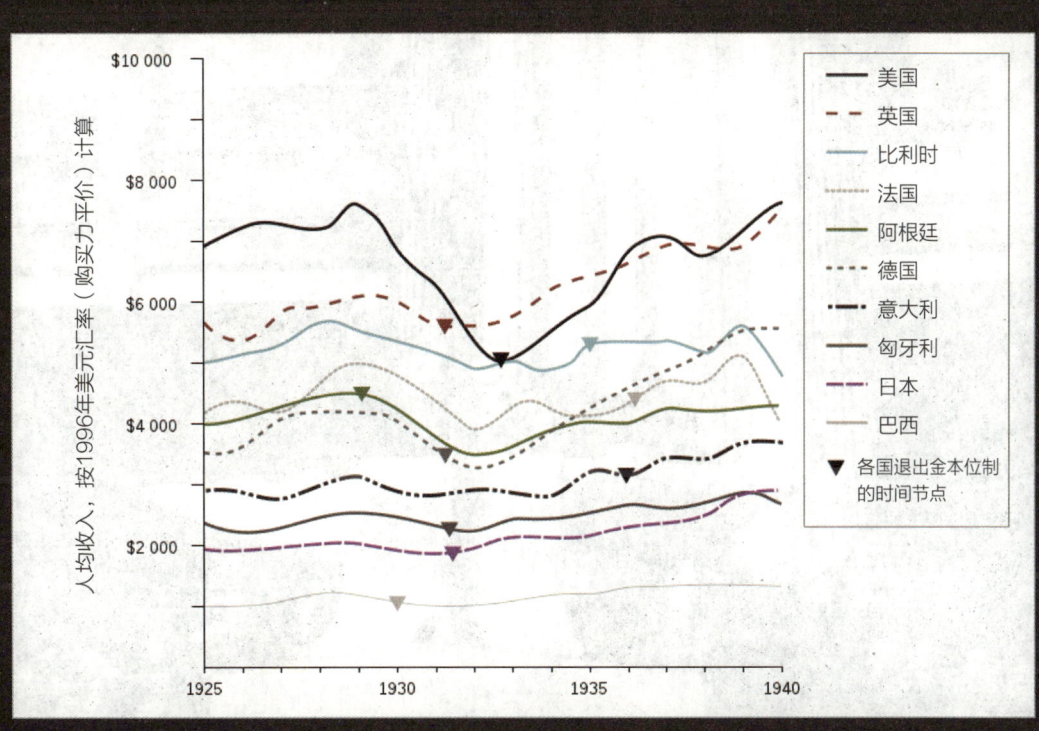

▲ 大萧条时期主要国家人均收入情况曲线图

意大利

一切都很顺利……

意大利在"一战"中所做的贡献，即它在反击德国中的关键作用往往被遗忘。受到战争的影响，意大利在1919—1920年伯尔尼·罗索执政的"红色岁月"中饱尝苦难。骚乱使贝尼托·墨索里尼领导的法西斯党崛起。该党制订了一项公共工程计划，这可能是后来美国总统富兰克林·罗斯福"新政"的灵感之一。

因此，当1931年全球大萧条袭击世界各地时，意大利已经经历了大萧条和政治动荡。面对银行和公司的倒闭，墨索里尼政府通过工业重建研究所进行收购，将银行和公司置于国家控制之下。这意味着到20世纪30年代末，意大利政府对经济的控制力超过了除苏联以外的任何国家。

为了改善大萧条的影响，政府批准了大规模的道路和基础设施建设计划，此外还增加了福利支出。如果不是因为他作为希特勒的盟友作出参加"二战"的灾难性决定，墨索里尼政府很可能被视为应对大萧条最成功的政府之一。

▲ 第一次世界大战期间，墨索里尼在前线战壕里待了9个月，被迫击炮击伤后，于1917年离开军队

▲ 1932年，墨索里尼在都灵菲亚特工厂发表演讲

苏联

这里没有大萧条，只有饥荒和政府的控制

苏联在1917年革命以及建立一党统治后，基本上切断了全球贸易及与国际市场的联系。由于苏联幅员辽阔，资源丰富，这样的政策当时是可行的。斯大林掌握了国家的控制权之后，就实行了这样的政策。

在某种程度上，斯大林集中精力巩固统治，把一个农村经济的国家带入了工业时代。1928年，他制订了第一个"五年计划"，苏联经济开始转型。该计划取缔了所有私人企业，将所有生产资料全部置于政府的控制之下。

作为五年计划的一部分，苏联农民，特别是乌克兰的农民，被迫将土地移交给国营农场。由此造成了1932—1933年的饥荒。因此，尽管苏联摆脱了大萧条，却为此付出了代价。20世纪是一个不缺少灾难的世纪。

▲ 在大饥荒期间的一个无家可归的男孩。大饥荒是一场完全可以避免的灾难

▲ 1933年，饥饿的农民躺在哈尔科夫的街道上

▲ 一张苏联宣传海报，要求工人"加强集体农场的工作纪律"

澳大利亚及其邻国新西兰严重依赖原材料和农产品的出口,这是其对外贸易的主要来源,英国是其商品的主要买主。因此,20世纪20年代末30年代初,当国际贸易崩溃时,澳大利亚经济遭到重创。

到1932年止,官方记录有32%的失业者,实际数字可能更高。澳大利亚的收入减少了三分之一。在没有任何福利的情况下,贫困家庭被迫依靠慈善机构或"苏索"(Susso)。"苏索"是政府向赤贫家庭提供的最低生活保障,仅够每天吃一顿饭。当时有一首童谣:"我们现在靠苏索,养不起牛,住帐篷,无须付租金,哦,我们现在靠苏索。"

1932年,新建的悉尼海港大桥投入使用,但在头6个月里,就有60人跳桥自杀。为了找工作,人们走了数百公里。一张旅行配给卡显示:持证人在一周内走了80多公里。这些流浪汉旅行了数千公里后最终送命。

▲ 在惨淡的十年里,澳大利亚体育运动获得成功,特别是唐·布拉德曼的板球运动,打破了许多纪录,让澳大利亚人振奋起来

▶ 随着出口收入的枯竭,失业率急剧上升,付不起房租的家庭一贫如洗

◀ 1931年,失业的人们穿过珀斯市,去见总理詹姆斯·斯卡林爵士

 # 智利

没有贸易就没有钱

▲ 1932年在街上为穷人建的一个临时的"分汤厨房"

▲ 大萧条导致伊瓦涅斯政权倒台

大萧条在智利的主要影响之一是国际贸易的崩溃。因此，对于那些依赖原材料出口来获取收入的国家来说，大萧条是一场灾难。对智利来说，尤其如此。

智利经济依靠的是铜和硝石出口。硝石是一种硝酸盐，用于制作化学肥料，铜是许多工业的关键原料。当世界各地对这些原材料的需求大大减少时，智利经济也崩溃了。从某种程度上说，智利是大萧条时期经济萎缩最严重的国家，出口额从1929年的2.78亿美元下降到1932年的4200万美元，降幅高达85%。

采矿业的萎缩导致数千名失业矿工迁移到首都圣地亚哥，棚户区和"分汤厨房"的建立主要是用来养活这些人的。作为回应，智利政府启动公共工程，提高关税，摆脱金本位制，建立了进口外国商品的许可证制度。到1934年，智利才得以恢复到大萧条前的工业生产水平。

日本

开创性的经济措施避免了危机

1930年至1931年大萧条席卷日本之前,日本已经遭受了一次危机,即1927年的"昭和金融危机"。然而,高明的财务大臣高桥是清采取了一系列革命性措施加以缓解。这些措施后来被世界各国中央银行和财政部所采用,包括增加货币供应量、贷款购买投资工程、使货币贬值及放弃对世界其他地区造成通货紧缩影响的金本位制。赤字支出部分被军方用来加强日本的武装部队。

与世界其他地区形成鲜明对比的是,所谓的"高桥经济政策"使日本经济在1932年至1936年产生了高增长,几乎没有伴随通货膨胀。但是,当高桥试图减少对武装部队的开支时,军方各派的反应是于1936年2月26日发动了政变。政变遭到镇压,高桥是清遇刺身亡,新政府放弃了反对军方。实际上,日本已成为一个军事国家,为战争做好了准备。

▲ 高桥是清的革命性的经济措施使日本免受大萧条的严重影响

▲ 政变失败后叛军重返军营

余波

138 美国头号通缉犯
150 日益松绑的禁酒
156 美国荒漠
166 "二战"的影响
172 反思

美国头号通缉犯

犯罪浪潮使美国的不法之徒臭名昭著。他们在全美国抢劫、绑架、杀人，作得欢，死得早。

犯罪浪潮并不是孤立存在的事件。1920年到1935年这段时间可以认为是无法无天的黄金时代，而犯罪浪潮不过是愈演愈烈的结果。这并不是历史上最暴力的时期，却是最广为人知的时期。新成员包括邦尼和克莱德、约翰·迪林杰、巴克-卡皮斯团伙、"漂亮男孩"查尔斯·弗洛伊德和"娃娃脸"尼尔森。"娃娃脸"尼尔森杀死了三名联邦调查局探员，直到现在，他仍然保持着单人罪犯杀人的最高纪录。有些人，如马·巴克和"雌雄大盗"，则被描绘成犯罪天才，但他们绝对不是。另一些人，如约翰·迪林杰，则是既想谋取不义之财又想出名的天生罪犯。他们生来没钱没势，对他们来说，如不采取极端行动，就真的只有"美国梦"了。

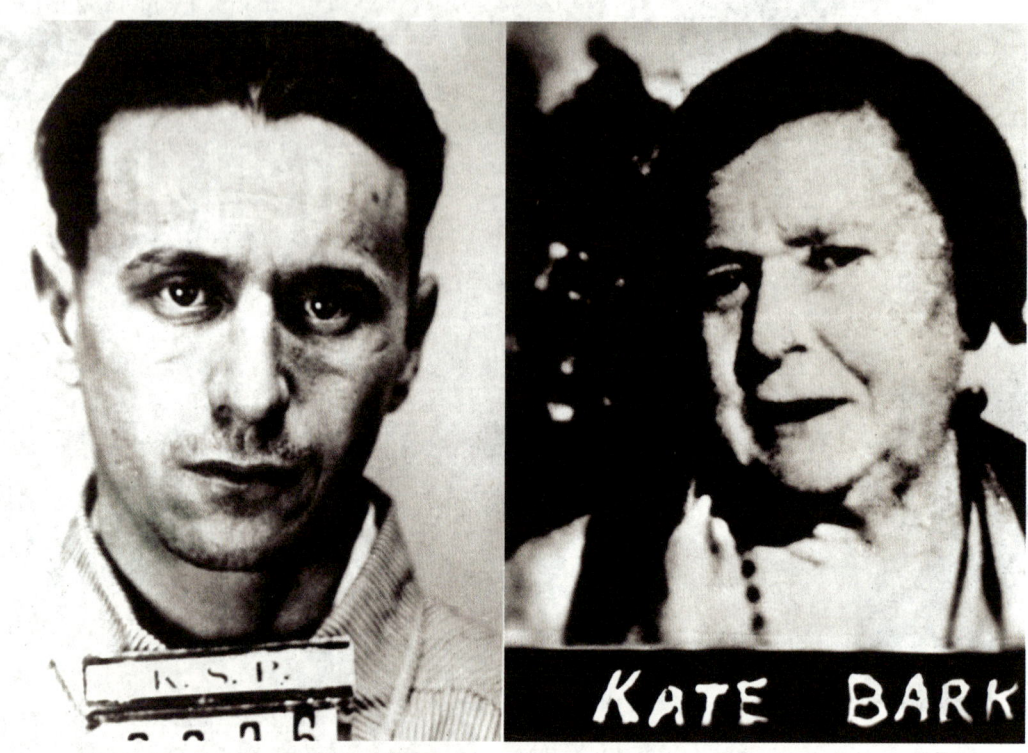

▲ 1935年1月，马·巴克和她的儿子弗雷德在佛罗里达州被杀害。实际上，马·巴克对这个团伙的影响被过分夸大了

禁酒令的实施不仅把美国酒业交给了黑社会，同时带来了更糟糕的事：它激起了许多美国人对法律的轻慢。有些人甚至认为，非法饮酒是他们的本分。禁酒重塑了黑帮，尤其是制造私酒者，他们的形象从公敌演变为公仆。

经济崩溃使数百万人陷入贫困。随着经济的恶化，银行取消了贷款赎回权，企业破产，房屋被收回。许多人视银行家为天敌，视不法之徒为英雄。像迪林杰之类的人被视为诚实的骗子，这一点不同于他们抢劫的银行家。他们借助媒体进行宣传，让那些极度渴望娱乐的人们着迷。

迪林杰的"导师"哈里·皮尔庞特被控谋杀时，直截了当地对检察官说："我跟那些将银行据为己有的人不一样，我首先没有让自己当选银行行长。"数百万美国人对此也感同身受。一些破产和绝望的人，才去盗窃抢劫。迪林杰就是其中之一。他在1924年抢劫了一个店主后，便对法律怀恨在心。作为对他认罪的回报，法官对他"宽大处理"，他被重判9年到20年不等的刑期。

1933年5月，迪林杰从印第安纳州立监狱假释出狱，他从狱中一些最难缠的家伙身上学到了一些伎俩。哈里·皮尔庞特、埃德·舒斯、拉塞尔·克拉克、沃尔特·迪特里希和查尔斯·马克里都是"经验丰富的专业人士"。校友霍默·范米特后来也加入他们的团伙。作为对第一批加入迪林杰团伙的回报，迪林杰帮助他们越狱。抢劫犯们把钱和枪支偷偷带进了监狱。1933年9月26日，十名囚犯逃跑，迪林杰的第一批团伙已准备出发了。然而，迪林

> "娃娃脸"尼尔森杀了三名联邦调查局探员，直到现在，他仍然保持着单人罪犯杀人的最高纪录。

杰在前一天被捕了。10月12日，在俄亥俄州利马市，皮尔庞特枪杀了警长杰斯·萨伯。在威斯康星州、伊利诺伊州、俄亥俄州和印第安纳州实施了几起抢劫案和第一起谋杀案（谋杀了巡警威廉·奥马利）后，他们逃到了佛罗里达州，然后去了亚利桑那州。事实证明，这是个坏主意。

1934年1月，他们在图森被认出，并被逮捕。迪林杰因谋杀奥马利被引渡到印第安纳州防逃脱的克朗角监狱。皮尔庞特、克拉克和马克里因谋杀警长萨伯而去了俄亥俄州。迪林杰并没有在克朗角监狱待太久，凭借一把走私手枪和他的勇猛，于1934年3月3日又成功逃脱。他偷了警长莉莲·霍利的汽车，逃往芝加哥，但这是个致命错误。不管迪林杰做了什么，联邦调查局都未曾插手，直到他犯了联邦罪。他开着一辆偷来的车越过州界，使联邦调查局人员加入了这场混战。胡佛总统立即悬赏1.5万美元，下令射杀他。

迪林杰很快就组成了一个新团伙。霍默·范米特、汤米·卡罗尔和约翰·汉密尔顿加入了他的行列，还有臭名昭著的"娃娃脸"尼尔森。黑帮成员都不喜欢也不信任尼尔森，他们害怕他那暴脾气和虐待癖，厌恶他的自负。范米特曾和皮尔庞特不和，现在又和尼尔森不和。

联邦调查局人员主要是法学和会计专业毕业生，大多没有任何警务经验。这表现在他们对迪林杰的追捕中，有时很可笑。尽管如此，他们仍然在学习对付这些老练的职业罪犯的技巧，而且学得很快。1934年4月22日，联邦调查局在威斯康星州的"小波西米亚小屋"发动了一场毫无秩序的突袭，遭遇重创，得到了惨痛但必要的教训。

这伙人逃离了小波西米亚，尼尔森杀死了一名联邦调查局特工，又打伤了一名，另有三名无辜的旁观者被枪杀。随着每一次失败，联邦调查

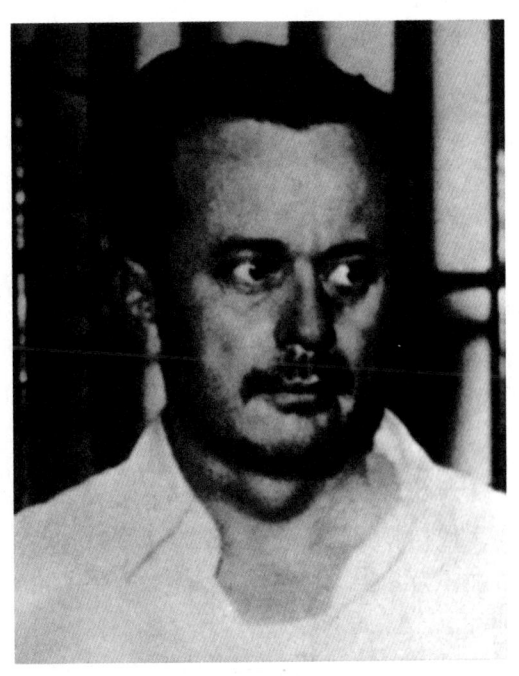

▲ 1939年，亚瑟·巴克在试图逃离时被击毙

局越来越感到丢脸，但摧毁迪林杰的决心更加坚定。舆论的潮流也开始转向。

范米特、卡罗尔和约翰·汉密尔顿在枪战中相继倒下。1934年3月，在爱荷华州梅森市，旁观者袭击了这伙人，迪林杰受伤。6月30日，在印第安纳州的南本德，旁观者再次袭击了他们。尼尔森疯狂地向四面八方扫射子弹。

几名旁观者受伤，警官霍华德·瓦格纳被击毙。这是他们最后一次抢劫。此后，迪林杰一伙散去，再也没有崛起。几周后，迪林杰也死了。

在芝加哥，迪林杰走到了人生的终点，芝加哥是他经常光顾的地方。这是一个常见的桥段：他化名吉米·劳伦斯，过着平静的生活，常出入芝加哥的电影院，定期拜访当地妓院的安娜·坎佩纳埃夫人（别名安娜·塞奇）。坎佩纳埃知道他的真实身份，面临着被驱逐到罗马尼亚的警告，坎佩纳埃与联邦调查局督察塞缪尔·考利做了出卖迪林杰的交易。1934年7月22日是约

翰·迪林杰的最后一次露面。

塞奇和雇员波利·汉密尔顿与迪林杰一起前往影院，观看了电影《男人世界》。那是一部由克拉克·盖博主演的黑帮电影，最后以盖博饰演的角色面临电椅之刑结尾。根据塞奇的密报，联邦调查局的特工们为迪林杰设计了一个更简单的结局。那天晚上，塞奇穿了一件易于辨认的橙色连衣裙，当三人离开影院时，特工们进来了。

迪林杰意识到自己被出卖了，撒腿就跑。特工克拉伦斯·赫特和查理斯·温斯特德立即开枪，迪林杰中弹身亡。在一片混乱中，旁观者意识到他们刚刚所见证的事件后，拿出手帕沾上他的血作为纪念。臭名昭著的公敌就这样一命呜呼了。

皮尔庞特和马克里也没能坚持多久。1934年9月，他们被判有罪，在试图逃离俄亥俄州立监狱的"死亡之屋"时，马克里被枪杀，皮尔庞特致残。同年10月17日，就在他32岁生日的几天后，皮尔庞特被处以电椅刑。1934年10月22日，在"漂亮男孩"弗洛伊德被联邦调查局特工杀死后，尼尔森成为头号公敌。一个月后的11月27日，联邦调查局击毙了他。

迪林杰也许是最臭名昭著的公敌，但他只是众多公敌中的一个，邦妮·帕克和克莱德·巴罗也将不会被忘记。迪林杰是个职业罪犯，他作案常常是精心策划的。但邦妮和克莱德却在好几个州掀起了混乱，他们出了名，演绎了一场爱情故事，并塑造了无人能及的罪犯形象。

与人们普遍认为的相反，克莱德·巴罗不是一个无能的罪犯，不是虐待狂，也不是犯罪高手。他只是一个技术娴熟的夺命司机和出色的射手，野心超过了天赋。他出生在佛罗里达州，在西达拉斯的贫民窟长大，从小就是个小罪犯。从哥哥巴克那里染上了犯罪的癖好之后，犯罪与他终身相伴。

邦妮没有嫁给克莱德，因为她已经嫁给了小骗子罗伊·桑顿。和克莱德一样，邦妮也是个想出人头地的无名小卒。克莱德也想要更好的生活，却不想老老实实地工作，而是无数次地偷盗。

1930年3月克莱德被关进监狱时，邦妮偷偷带了一把枪进入监狱解救他。但克莱德很快又被抓住，关进了伊斯特汉监狱。得克萨斯州的监狱系统是美国最糟糕的，而伊斯特汉监狱又是得克萨斯州最糟糕的监狱。

虽然监狱中劳动艰苦、食物糟糕，经常被施以酷刑，还有囚犯间的互相打斗，一个叫埃德·克劳德的人多次强暴克莱德，繁重的劳役又几乎要了他的命，但克莱德还是勉强活了下来。在伊斯特汉，克劳德成为克莱德结识的第一个谋

▲ 嗜杀成性的虐待狂"娃娃脸"尼尔森满足于为杀人而杀人，对他来说，没有任何暴行是禁区

▲ 亨利·梅斯文，巴罗团伙的最后一个人。为了保护他，他的父亲帮助邦妮和克莱德埋伏

▲ 迪林杰的恶行使他成为全美最臭名昭著的人，被七个州和联邦调查局通缉

与人们普遍认为的相反，克莱德·巴罗不是一个无能的罪犯，不是虐待狂，也不是犯罪高手。

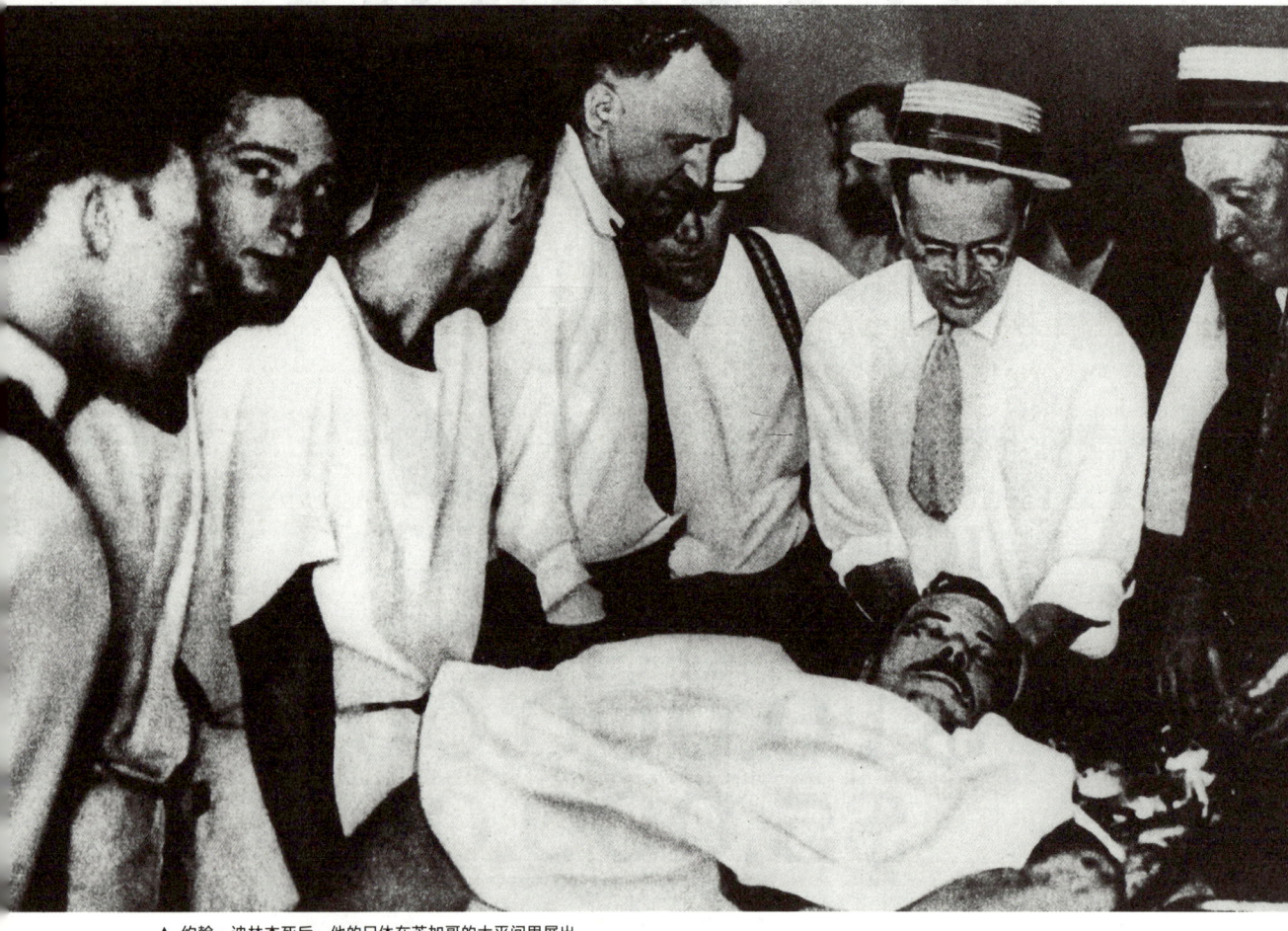

▲ 约翰·迪林杰死后，他的尸体在芝加哥的太平间里展出

杀犯。克莱德为了出去，自残成为跛子。仅仅几天后，他就被赦免释放了。

克莱德发誓再也不坐牢了。他说，他重访伊斯特汉监狱只是为了解救每一个犯人，杀死每一个看守。但大规模劫狱需要资金和武器，唯一的办法就是去偷。

邦妮和克莱德抢劫的加油站、药店和杂货店比抢劫的银行多得多。他们每次抢劫很少超过100美元，实际上，常常更少一些。巴克-卡皮斯团伙曾一次抢劫24万美元；邦妮和克莱德实施的大额抢劫很少成功，最大的收获也只有3800美元。

他们也杀了许多人，至少有11人死于他们手下，还有更多的人受伤。克莱德还招募了哥哥巴克、雷·汉密尔顿和少年韦德·琼斯。只有雷·汉密尔顿有明显的犯罪前科，其他人都是克莱德一路招募来的小混混。克莱德和雷·汉密尔顿都是小个子，自尊心强，控制欲强。两人都不

冲锋枪、自动手枪、左轮手枪和猎枪构成了他们的武器库。

善于与他人合作，雷·汉密尔顿经常嘲笑克莱德。他们为是否袭击伊斯特汉一事争论不休，克莱德迫切要做此事，而雷·汉密尔顿并不感兴趣。克莱德不赞成汉密尔顿的想法，雷·汉密尔顿则认为克莱德好战。没过多久，雷·汉密尔顿就不干了，后来被逮捕和判刑，送进了伊斯特汉监狱。

邦妮和克莱德每天驱车1600千米，停下来只是为了休息或打劫。克莱德总是开着车，尤其喜欢开那辆不知道从哪里弄到的福特V8汽车。V8的速度很快，很容易驾驶，也很容易被偷，而恰好当地警察经常开着速度很慢的小货车。

他们的另一个优势是火力。当时，大多数警察都带着左轮手枪，可能还会带打猎用的猎枪或来复枪。邦尼和克莱德抢劫了国民警卫队的军械库，得到了克莱德最喜欢的勃朗宁自动步枪，还有每分钟可以发射650枚子弹的勃朗宁自动步枪、冲锋枪、自动手枪、左轮手枪和猎枪构成了他们的武器库。

"血腥的伊斯特汉"劫狱事件与以前的抢劫事件一样，失败得惨不忍睹。这一劫狱事件发生的主要原因是克莱德的兄弟弗洛伊德和雷·汉密尔顿都被关在那里，他们想逃出去。克莱德于1934年1月16日如期到达伊斯特汉监狱，他解救了雷·汉密尔顿、杀人犯乔·帕尔默、连环杀人犯希尔顿·拜比和亨利·梅斯文。但克莱德将梅斯文招募入伙是一个致命的错误。

这次突袭击毙的守卫乔尔·克劳森少校可能是帕尔默或雷·汉密尔顿射杀的。警卫博兹曼受伤，但活了下来。克劳森在临终之际向前得克萨斯州监狱系统的负责人李·西蒙斯确认了克莱德的身份，西蒙斯向他保证消灭这个团伙。西蒙斯在工作中结识了传奇的前得克萨斯州游骑兵弗兰克·哈默。哈默原来是一个护林员，强壮而无情，不知疲倦，聪明，行动迅速，他的头脑和他

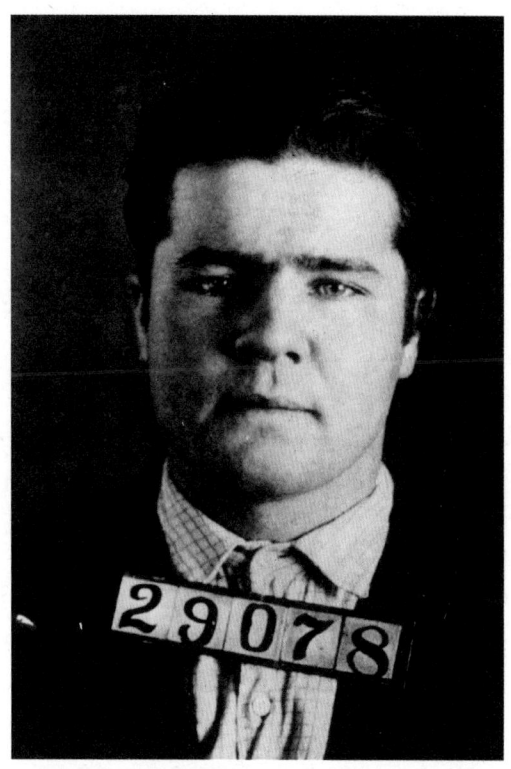

▲ "漂亮男孩"弗洛伊德，最后的公敌之一。1933年，他卷入堪萨斯城大屠杀，死因不明

的枪一样敏捷，他了解克莱德等人常穿的衣服、开的汽车、携带的枪支，甚至了解他喜欢什么酒和烟。哈默越了解他们，就越容易抓住或者击毙他们。

哈默一直跟踪他们，并尽可能多地了解他们：克莱德是个花花公子，喜欢昂贵的衣服，而邦妮喜欢抽烟，但不抽雪茄。最重要的是，在离其同伙亨利·梅斯文父母不远的路易斯安那州吉布斯兰附近，哈默找到了一所废弃的房子，这里是克莱德等人的秘密藏身之处。为了救出亨利·梅斯文，亨利的父母提出了一个交换条件：如果提供帮助，就要赦免亨利。他们就这样达成了交易，设下了一场埋伏。

哈默并不孤单，达拉斯的执法者泰德·辛顿和鲍勃·奥尔康和他一起设伏，泰德和鲍勃与邦妮和克莱德很早就认识。一起设伏的还有当地副

▲ 邦妮和克莱德被媒体过分渲染了。他们最多是小骗子，他们的公众形象远远超过了他们的能力

警长奥克利、高速公路巡警曼尼高尔特及奥克利的上司比恩维尔县警长亨德森·乔丹。乔丹和哈默已经就赦免亨利·梅斯文与得克萨斯州州长米里亚姆·弗格森达成了协议。

伏击地点位于路易斯安那州吉布斯兰市外的一条偏僻道路上。伏击队全副武装，西蒙斯要求哈默击毙他们。1934年4月23日早上，亨利·梅斯文的父亲把卡车停在附近，假装抛锚。他们的计划是：如果邦妮和克莱德来了，可能会停下来或放慢速度，然后他们趁机击毙邦妮和克莱德。正如他们设计的那样，邦妮和克莱德确实停下车来，他们用150多发子弹扫射了二人。

巴克-卡皮斯团伙也同样邪恶，只是没有迪林杰和克莱德团伙那样恶名远扬。巴克兄弟团伙的亚瑟、弗雷德、弗雷德·戈茨、沃尼·戴维斯、布莱恩·博尔顿及他们可能的领导人阿尔文·卡皮斯制造了一系列持械抢劫和谋杀案。据联邦调查局局长埃德加·胡佛所说，他们是由凯特·马·巴克领导的，是她教会了他们所有形式的暴力犯罪。根据大多数客观的消息来源，胡佛用她作为替罪羊，以解释1935年联邦调查局特工在佛罗里达杀死她和弗雷德的原因。

如迪林杰和克莱德团伙一样，他们利用高速汽车、自动武器、防弹背心、经验不足的联邦调查局特工和跨越州界来逃避抓捕。与其他人不同的是，他们还是索要大量赎金的绑架犯。

巴克夫妇在俄克拉何马州的塔尔萨长大，他们都是少年犯和小流氓。马·巴克总是辩护说他们是清白的，并阻挠抓捕。

从1932年到1936年，巴克-卡皮斯团伙抢劫银行、邮局和个人，偷走了几十万美元。他们还犯下许多谋杀罪，谋杀对象包括被认为不值得信任的线人和黑帮成员。1935年，在俄亥俄州的加勒茨维尔，卡皮斯抢劫了一列火车。1933年9月，他又抢劫了芝加哥联邦储备银行。最大的一起抢劫案发生在1932年的堪萨斯州的康科迪亚，当时他们抢走了24万美元。

他们从绑架中获得了更多金钱。1933年6月15日，他们在明尼苏达州明尼阿波利斯绑架了啤酒厂的继承人威廉·哈姆，在得到十万美元的赎金后，哈姆被释放。这一绑架事件发生在堪萨斯城大屠杀的前两天，胡佛局长为处理这次绑架案，制造了大屠杀，此后，联邦调查局成为公众可信赖的反犯罪斗士。

1934年1月17日，在关押克莱德的伊斯特汉监狱遭到突袭的第二天，巴克夫妇绑架了雅各布·施密特酿酒厂继承人爱德华·布雷默，索要20万美元赎金。1932年，林德伯格被绑架后不久，巴克-卡皮斯团伙的成员发现，到处都有人在追捕他们。

定期的抢劫行动增加了他们的收入，也增加了他们的死亡人数。在北达科他州、明尼苏达州、堪萨斯州、伊利诺伊州、内布拉斯加州、密苏里州、新泽西州和俄亥俄州，抢劫、枪战和谋杀夺去了十多条生命。1936年4月，卡皮斯在新奥尔良被捕，他被指控至少涉嫌16起谋杀案，他个人至少制造了其中的9起。如果被捕，他们将至少被7个州判死刑。

他们残忍地杀害警察，甚至旁观者，但对自己的同伙可能最为残忍。黑社会医生约瑟夫·莫兰和黑帮成员亚瑟·邓拉普可能因告密而被杀。如果有所怀疑，他们也会杀死自己人。

执法部门也同样无情，尤其是联邦调查局。每一个被抓到或杀死的公敌都是"胡佛工厂"的猎物，巴克-卡皮斯团伙也不例外。胡佛的宣传机器大肆宣传联邦调查局的成功案例：被杀死的歹徒名字出现在专栏和新闻片中，迪林杰和"漂亮男孩"弗洛伊德的尸体被公开示众。除了其重要的和颇具争议的人物弗雷德和马·巴克外，巴克-卡皮斯团伙的多数人还算走运，都被活捉了。

1935年1月，他们被追踪到俄克拉何马附近的一所僻静的房子。枪战持续了几个小时，有人向窗户发射了催泪瓦斯，马·巴克和弗雷德仍在打斗。当警察和联邦调查局探员闯入大楼时，马·巴克和弗雷德双双送命。胡佛称马·巴克死于枪击，身边是她的儿子。这一说法一直存在争议，人们认为胡佛用说谎来提高公众对他领导的联邦调查局的支持。马·巴克和弗雷德死去之后，该同伙的大多数人都进了监狱。亚瑟·巴克和布莱恩·博尔顿于1935年1月被捕，1939年，亚瑟·巴克在试图逃离"恶魔岛"①时死亡。同样在"恶魔岛"的还有1944年死于心脏病的比尔·韦弗，以及

> 1935年公敌时代结束前，谋杀联邦探员并不入联邦罪。

① 恶魔岛，位于旧金山市附近，四周被奇冷的海水环绕，1934年被联邦政府设置为监狱。1996年上映的美国电影《勇闯夺命岛》（The Rock）在此拍摄。

避风港：歹徒的天堂

跨越州界是逃避抓捕的一种方式，不断地更换地点是逃避抓捕的另一种方式。有钱有势的黑帮还有另一种选择：逃往由腐败的警察、政客和当地黑帮操纵的"避风港"。如果他们能负担得起高昂的费用，就能公开地、不受干扰地生活在城镇里，那里有着和强盗一样奸诈的警察。

阿肯色州的温泉城是黑帮的天堂，由移居此地的纽约黑帮老大——"杀手"马登经营。只要马登批准，逃亡者就可以在那里平静地生活，除非联邦探员找到他们。当地警察很大程度上依靠马登的资助，甚至连首席侦探荷兰人埃克斯都是如此。

明尼苏达州的圣保罗是由哈利·索耶管理的，他经营着臭名昭著的"绿灯侠"酒馆，迪林杰和巴克-卡皮斯团伙都公开住过那里。逃亡者们知道，在圣保罗或附近地区，有索耶、腐败的警察和政客的保护，只要他们没有犯罪并付清了账单，就没什么可担心的。

密苏里州的乔普林也同样臭名昭著，尽管1933年4月克莱德团伙在那里开枪后，它就没那么有吸引力了。与圣保罗和温泉城有所不同，乔普林不是很正规，诚实的警察管理这个城镇使它作为"避风港"，稍有逊色。

被关押几十年的沃尼·戴维斯和哈里·坎贝尔，后来沃尼·戴维斯和哈里·坎贝尔获释。最后被捕的是阿尔文·卡皮斯。

1936年4月，联邦调查局警员在扫荡最后的公敌卡皮斯时，埃德加·胡佛亲自出面，卡皮斯最后在新奥尔良被捕。因胡佛从来没有亲自逮捕过任何人，其管理能力也受到质疑，这次他声称自己亲自逮捕了卡皮斯，但却受到了政治上的批评。卡皮斯轻蔑地指出，胡佛只是在他被特工拘留并解除武装后才出现的，正如卡皮斯后来所说："如果看一下我被捕的那个版本的书，哦，天哪，根据内容，它应该放在童话书架上。"1936年，卡皮

斯被投入恶魔岛监狱中，在那里服刑26年，成为当时服刑时间最长的囚犯。后来他被转移到麦克尼尔岛，最终于1969年获释。哈维·贝利于1933年8月被送到恶魔岛监狱，并一直在那里待到1965年。到1936年，公敌实际上已经被消灭了，大部分人死亡或被监禁。美国联邦调查局学院的射击场上，现在的受训人员使用的靶子仍然是当年的头号公敌和知名黑帮人物约翰·迪林杰的形象，可见，上述事件已成为一个长久的标杆。

> 跨越州界阻止了警察在其管辖范围外追捕亡命之徒。

▲ 1963年，因运营成本过高，美国司法部长罗伯特·肯尼迪关闭了恶魔岛监狱

欢迎来到"恶魔岛"

恶魔岛最初是一座堡垒和军事监狱，1934年8月，成为美国第一个关押重刑犯的监狱。阿尔文·卡皮斯、"机关枪"乔治·凯利、阿尔·卡彭、亚瑟·巴克等许多人都曾被关押在那里，它最著名的囚犯也许要数杀人犯"恶魔岛的鸟人"罗伯特·斯特劳德了。

恶魔岛有最高的安全防护、最低的特权和最严格的纪律。轻犯会被单独监禁在D区，重犯会被关在连床都没有的"黑洞"牢房里。早期还使用地牢，囚犯们有时被锁在潮湿、寒冷、黑暗的墙壁上，并被施以酷刑。

恶魔岛体制的目的就是要在精神上击垮囚犯。尽管臭名昭著，但出于保护隐私，囚犯的面部照片通常只标注数字不标注姓名。监狱管理严格，囚犯们不顺服时，常常会遭受折磨。1934年到1938年，实行严格的"沉默的制度"，未经允许，囚犯不得说话，否则会被处以单独监禁。

在最初的几年里，有30多名犯人发疯，也有人自杀。持续的精神虐待可能是导致1946年"恶魔岛之战"的原因。一场失败的逃亡演变成了一场大屠杀，三名囚犯和一名警卫死亡，另有11名囚犯和狱警受伤，囚犯米兰·汤普森和萨姆·肖克利被处决。

1963年3月21日，恶魔岛终于关门。在使用期间，这里有36名囚犯进行了14次越狱尝试，其中23人被捕，6人中弹身亡，2人溺水，5人失踪。如今，它是北加利福尼亚州最受欢迎的旅游景点，每年接待100多万名游客。

追捕公开的敌人

▲ 胡佛改造了调查局,把它当作自己的私人领地来管理

埃德加·胡佛

胡佛把联邦调查局(当时称调查局)——一个摇摇欲坠、腐败无能的机构改造成了今天的样子。他以伦敦警察厅为模板对该机构进行改造,管理纪律严明,令人畏惧,最轻微的违规行为也会导致特工被解雇,他并不总是受到政客甚至他自己的代理人的喜爱。

▲ 在路的尽头,弗兰克·哈默(左上角)领导的六人伏击队最终结束了邦妮和克莱德的犯罪生涯

弗兰克·哈默

哈默是典型的得克萨斯州骑警,思维敏捷,枪法精准。从1905年至1932年,他一直很活跃。1934年1月的伊斯特汉越狱事件后,他虽退役,却执意复出参与追捕邦妮和克莱德,二人成为哈默职业生涯中处死的第53名和第54名重罪犯。

到1936年,公敌被消灭了。

▲ 珀维斯(左)和联邦调查局局长胡佛在一起,这个曾经是胡佛最喜欢的人后来失去了上司的赏识

珀维斯

1927年起,珀维斯成为联邦调查局的特工,参与追捕过迪林杰、"娃娃脸"尼尔森和"漂亮男孩"弗洛伊德。迪林杰死后,他因被指控实施酷刑与胡佛发生矛盾。1935年,他因被指控令特工埃德·霍利斯在弗洛伊德受伤并缴械后向他开枪而被迫辞职。

▲ 考利(左)和埃德·霍利斯(右)在"巴林顿之战"中被尼尔森杀死

塞缪尔·考利

考利设计了安娜·塞奇对迪林杰的背叛,是三名被"娃娃脸"尼尔森杀害的联邦调查局特工之一,死在特工埃德·霍利斯身边。1934年11月27日,尼尔森受了致命伤,在枪战几个小时后死亡,那场枪战被称为"巴林顿之战"。考利当时是胡佛最信任的助手之一。

日益松绑的禁酒

暴力和流血冲突使禁酒令名声扫地，
但暴力和流血冲突并未就此终止。
华尔街崩盘和大萧条开始影响政治和文化。

罗伯特·沃尔什 / 文

　　禁酒令的结束是由几个不同的因素决定的，并不像改变一条法律那么简单。1933年，《沃尔斯特德法案》，即美国《宪法第十八条修正案》被废除，《宪法第二十一条修正案》后来得以通过。全国禁酒令废除后，各州在酒问题上仍各自为政。一些州立即接受了废除该法案，还有一些州则采取了更加强硬的措施予以抵抗。密西西比州坚持禁酒到1966年，成为最后一个废除禁酒的州。即使到了今天，许多郡的本地法律法规仍然主张禁酒，包括田纳西州的摩尔郡。然而具有讽刺意味的是，摩尔郡是杰克·丹尼尔酿酒厂的所在地。

　　1929年华尔街崩盘和大萧条对美国政治和社会的影响超过了禁酒令。短短几天，美国就陷入金融危机，随之而来的是螺旋式上升的经济危机：数百万人失去金钱、工作和家园；许多人沿着公路和铁路寻找工作，只是为找到一份有薪水的工作；数千家企业倒闭。1929年的股市崩盘如此严重，以至于美国股价直到1954年才恢复到崩盘前的水平。数百家规模较小的银行也倒闭了。很少有美国人同情银行家，他们把危机归咎于银行家。许多美国人认为，政客们袖手旁观，任由银行家和金融家毁掉美国经济。稳定经济是富兰克林·D. 罗斯福总统的一项艰巨工作，恢复经济繁荣及重树美国政治和企业领导人的公众信心则更为艰巨。随着经济状况的恶化，普通美国人对待责任人的态度也失去耐心。

　　人们希望禁酒令的废除能够缓解公众的不信任和敌意，同时创造就业和投资，增加税收收入，取缔夺命的"浴缸杜松子酒"和类似的私酿酒，从而消除国民健康的隐患。随着合法酒水的再次出现，美国人将会远离私人酿制的夺命"浴缸杜松子酒"。

　　股市崩溃和经济萧条并没有提高禁酒令的受

◀ 美国人努力提升士气，创造机会，增加财富。1933年废除禁酒令是值得庆祝的事

大萧条时期的走私

禁酒令造成了对法律和秩序的普遍蔑视。
废除禁酒令并没有阻止一些走私行为，特别是在南方，走私仍在继续

▲ 非法制造或走私酒的行为不是因禁酒开始，也没有因禁酒废除而结束。在南方，这既是一种传统，也是一种生意

早在南北战争之前，非法制造、贩卖私酒就是南方的一种传统，更别提华尔街崩盘、禁酒令和大萧条时代了，这些都未能阻止这一非法行业的繁荣——如果说有什么影响的话，那就是反而促进了它的繁荣。这里有现成的市场，还有很多隐蔽的地方可以隐藏蒸馏炉，南方人把这些视为自己历史和文化的一部分。

私酿酒者通常在夜间秘密工作，他们兴起于禁酒时代。禁酒令废除后，为逃避联邦税收，他们经常与地方官员和联邦"税收人员"交火。由私酿酒者驾驶的"威士忌车"最终催生了赛车比赛和全美赛车联合会。

非法制造或贩卖私酒通常是代代相传的家族企业。父亲教会儿子们酿造烈性廉价的私酒，这种酒往往比城市里的私酒贩子提供的"浴缸杜松子酒"安全得多。在禁酒成为一个被人关注的问题而不是联邦法律之前，他们一直在生产，现在依然如此，联邦政府至今仍在搜查他们的蒸馏炉和仓库。

在佐治亚州的梅里韦瑟县，臭名昭著的私酿酒者约翰·华莱士来自富裕的南方，他拥有一个规模庞大的种植园，当地人称之为"王国"。

几十年来，华莱士允许私酿酒者在他的土地上经营，并从中获取大量利润，这些人除了服从别无选择。1948年4月，华莱士因贩运私酒被逮捕，途中杀害了威廉·特纳，随后被判入狱，并于1950年被处死，他是第一位在黑人的证词下被处决的佐治亚州白人。

欢迎程度，就像禁酒并没有解决美国的酗酒问题一样。不过，二者确实极大地推动了禁酒令的废除。合法酒的回归本身就是一场为大选拉票的活动，酒和税收产生的潜在收入对财政困难的联邦政府极具吸引力。当时，任何能够促进就业和让美国走上经济复苏之路的举措都大受欢迎。带来许多社会问题的禁酒最终失败，此后未再恢复。但另一方面，废除禁酒令不仅受到社会顶层人物的欢迎，也为所有美国人带来了真正的实惠。随着啤酒和葡萄酒投入市场，投资、就业和收入都会提高，这也提振了民众的士气。国家复兴对罗斯福和普通美国人的吸引力一样大，罗斯福希望自己的名字和新政紧密相连。

在政治上，废除禁酒令并不是当时最紧迫的问题，数百万人失业和无家可归者需要工作，这才是联邦政府和选民面临的大问题。罗斯福也许是美国最有条理的政治家之一，但他仍然是一位政客，他需要向厌倦了政客承诺和银行家拙劣表现的民众推销废除禁酒令和他的新政。银行倒闭太多，以致劫匪经常错入倒闭的银行，空手

股市崩溃和经济萧条并没有提高禁酒令的受欢迎程度，就像禁酒令并没有解决美国的酗酒问题一样。

而归。

1929年之后，犯罪问题并未有丝毫减少。诚然，走私犯已经大获全胜，但公敌时代才刚刚开始。在联邦政府看来，更糟糕的是，许多"犯罪浪潮"中的银行劫匪、绑架者和杀手在禁酒期间获得了令人担忧的公众支持。这些公敌是充分利用媒体的新一代罪犯。多年来，他们的疯狂作案为报纸和新闻业赢得了观众。在许多美国人看来，那些"抢劫"普通人的银行家跟约翰·迪林杰这样的抢劫绑架犯没什么两样。1934年，银行抢劫犯哈里·皮尔庞特因谋杀罪被处死。他为许多普通人发声："至少我没有去当银行行长，如果你鼓起勇气，可能也会像我一样去犯罪。"

出于对那些失去房屋和生意的人的同情，弗洛伊德在银行抢劫案中销毁了抵押贷款文件。迪林杰意识到获得公众同情的重要性。在一次银行抢劫案中，他还返还了目击者的工资支票，同时表示："我们不要你的钱，只要银行的钱。"

像许多普通美国人钦佩公敌一样，美国的政治精英们也害怕公敌。他们认为，公敌越是成为公众的偶像，美国社会秩序的裂痕就越大。空前的失业、破产、无家可归和为找工作而迁徙的大

> 赛车比赛源于走私犯为逃脱警察和税收人员的追捕而改装汽车的做法。

▲ 1929年的华尔街崩盘使美国最富有、最成功的人也被一扫而空

批国内移民,加之普通美国人对当权者的蔑视,这一切都让人感觉到失望。或者正如剧作家贝尔托尔特·布莱希特所言:"制定法律只是为了一件事,那就是剥削那些不理解法律的人,而赤裸裸的苦难只能阻止他们遵守法律。"

在社会和经济方面,禁酒令、1929年的金融崩溃和大萧条为那些利用经济危机和社会衰退进行犯罪的暴徒提供了完美的温床。当时许多臭名昭著的被处决的罪犯都曾参与了非法制造和贩卖私酒活动,或用武装抢劫和绑架来换取大笔赎金。由于他们抨击象征财富和特权的符号,并没有引起公众的厌恶,反而引起了公众的钦佩。

被绑架的受害者并不总是被善待。1934年,啤酒厂继承人、国家商业银行行长爱德华·布雷默被巴克-卡皮斯团伙绑架,几乎没有得到公众的同情。在绝望、无助、愤怒和挫折的驱使下,许多人跟公敌站在了一起。

印第安纳州的武装抢劫犯约翰·迪·史密斯是成千上万失业年轻人中的典型,他在大萧条时期走上了犯罪道路。这些人年轻、反社会、叛逆、鲁莽,他们的人生态度是当时的时代塑造的,也是由崇拜犯罪的反英雄主义衍生的。他说:"我们家一穷二白,我读了一年高中就退学了。1932年,我想去工作,但我才16岁,找不到任何工作。我只是做了16岁时我需要做的,就这样了。"

禁酒令使史密斯漠视权威。1929年的经济危机剥夺了他从事正当工作的机会,经济萧条引发了他的犯罪欲望。但对史密斯来说,犯罪是得不偿失的。1935年,他在一次抢劫中因谋杀店主阿莉·福斯特而被判刑。1938年7月1日,年仅22岁的史密斯被处以电刑。

禁酒令、华尔街崩盘和大萧条一起永远地改变了美国。此后,社会态度、犯罪、政治和生活本身都不一样了,就像今天的美国社会也有弊病一样,它是否总是向好的方向发展是有争议的,没有简单的答案。禁酒恰恰是对一系列复杂的社会、道德和政治问题的一种简单回应。

> 罗斯福的新政并没有受到普遍的赞赏。一些人认为它太左,而另一些人则认为还远远不够。

▲ 皮尔庞特的犯罪同伙约翰·迪林杰喜欢出风头,但皮尔庞特却说出了普通美国人的心声

▲ 曾被许多禁酒主义者视为天然同盟的妇女们,却站在废除禁酒运动的前沿

罗斯福"啤酒法案"

1933年的《卡伦-哈里森法案》(即废除禁酒法案)使啤酒和葡萄酒的生产合法化,也促进了就业、投资和税收

《卡伦-哈里森法案》是以提出者的名字命名的,它使啤酒生产合法化了。废除禁酒令,为一个现金匮乏的美国创造了就业、投资和税收机会,也有助于提高罗斯福在选民中的声望。

与贫困、失业和经济崩溃相比,废除禁酒令并不是最重要的问题,但它确实对罗斯福竞选有帮助,也有益于国家。

新啤酒厂的投产满足了持续的需求,同时为那些与啤酒相关的行业提供了就业和投资机会。随着啤酒厂的蓬勃发展,啤酒花、酵母、大麦、酿酒设备的生产也兴起,甚至连制造啤酒瓶上的标签行业也兴起了。而以啤酒为源头产生了税收,员工和企业既可赚钱又可纳税,酒吧行业也随之发展起来。罗斯福清楚,给予公众想要的东西对能否赢得选票至关重要。

禁酒令的废除也迎合了那些呼吁支持酒精饮料合法化的民众,更让务实的禁酒主义者挽回了面子:接受废除禁酒不是出于个人喜好,而是对国家有益。正如罗斯福在全国广播电台的一次"炉边谈话"中所说:"我想,现在是喝一杯啤酒的好时机了。"

▲ 罗斯福总统签署了《卡伦-哈里森法案》,许多人都认为这确实是喝啤酒的好时机

美国荒漠

一个国家中心地带的希望如何化为灰烬

大卫·威廉姆森 / 文

即使到了20世纪的前几十年，从全球来看，美国虽然走了一段很长的发展之路，但仍是一个较年轻的国家。18世纪和19世纪初的缓慢稳定增长、沿海城市和各州的发展奠定了整个国家发展的基础，西进运动培养了开拓精神和最大限度地利用自然资源的信念，这些驱动了人们对机会和获取财产的兴趣，尤其是对西部资源的兴趣。

在政府的支持下，1862年颁布的《宅地法》为每个新移民提供了656平方米的公共土地，供他们自己使用。根据开国元勋们的理想，在这个不断发展的国家的中心地带，大量的自然荒野将以进步的名义被征用和占有。内战之后，西进运动获得明显发展，西部的人口不断增加，但当时很多人却对农业几乎一无所知或知之甚少。

随着新州的诞生（俄克拉何马州直到1907年才成为正式的州），长长的大篷车被拥有现代技术的铁路所取代，城镇和城市从平原和大草原上拔地而起。那些踏上中西部之旅并希望过上更好生活的人没有失望，那里目之所及，都是开阔肥沃的土地，气候好，阳光充足，雨水调和。这里似乎是绝佳的耕地，尤其适合播种小麦和养肉

人们发现自己完全被困住了，只有从楼上的窗户可以逃脱。

食牲畜，能够满足不断增加的口粮需求。当然，这也能使人们获利不菲，过上好日子。

20世纪初，美国已经成为一个全球大国，第一次世界大战后，国内外对小麦的需求急剧增长。中西部平原的农民趁机出售小麦，而所获收入也未让他们失望。由于需求量大，小麦价格飙升，农民及其家庭和为农业开发提供贷款的银行，都过上了好日子。

然而，大自然无法承受过度开发带来的冲击。在急于求成的过程中，大片的天然草地被一次次地犁耕翻种。几乎没有人去考虑如何适当谨慎地使用土地，以及应该如何保护土壤。而且，新发明的汽油拖拉机和早期联合收割机的引进，实现了机械化耕作，短时间内可以耕种更多土地，这意味着对土地"攻击"的加剧。

起初，天气有利，农作物产量丰厚，但后来草场和平原不再是人们眼中的希望之乡。气候开始变得不那么稳定，不可预测，干旱的咒语烧焦了土地和庄稼，破坏了收成。

为了继续耕种土地，保持收益，更多的荒野被开垦，越来越多的土地失去了养分，这是一个令人绝望的循环。20世纪20年代，随着固化土壤结构的天然草皮的毁灭和不间断的耕种，为作物提供丰富养分的表层土几乎丧失。在疯狂扩张耕地、供给国家、赚取利润的过程中，土地因过度耕种而变得毫无生机，带来了可怕的后果。大

▼ 曾经肥沃多产的耕地变成了沙漠

自然的愤怒占了上风，这场自然和人为共同酿成的事件，塑造了美国20世纪30年代的十年。

1929年的华尔街崩盘是一系列连锁反应的开始，它摧毁了美国的中心地带，使整个国家陷入"大萧条"。在一系列的风暴事件中，股市信心崩溃，曾经是中西部农民命根子的小麦价格暴跌，一举摧毁了人们的生活和生计。与此同时，久旱无雨的天气仿佛是大自然对这片土地的报复。

一些地区的干旱几乎持续了整整十年。曾经出产优质小麦的成千上万亩良田被太阳无情地炙烤着，贫瘠而又干旱。俄克拉何马州、得克萨斯州、新墨西哥州、科罗拉多州、内布拉斯加州和堪萨斯州的大片地区，几乎一夜之间就从"面包篮"变成了一片荒芜的沙漠，到处是灰尘，令人绝望。由于被侵蚀的表层土已经变成粉状，失去了树木或灌木阻挡的广阔原野加大了风速，风

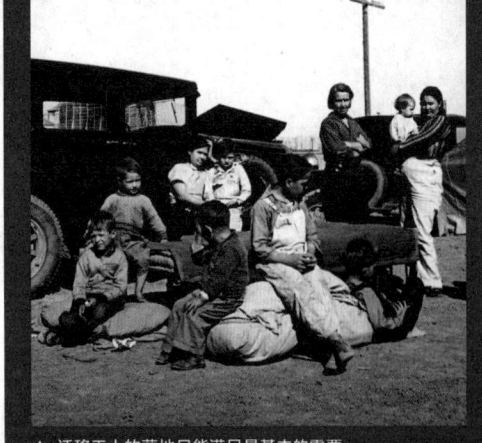

▲ 迁移工人的营地只能满足最基本的需要

不止沙尘

漫天遍野的蝗虫来了，它们吃掉了余下的作物。

得克萨斯州一个绝望的小镇向一位"造雨人"支付了500美元，让他向天空发射火箭，试图制造倾盆大雨，但没有效果。

地面和尘埃云之间产生的静电，会让汽车引擎熄火，让暴风雨中的人们被雷电击倒。

在加利福尼亚州，人们对"俄克佬"（指沙漠中的难民，因一部分来自俄克拉何马州而被轻蔑地称为"Okies"）移民怀有如此强烈的敌意，以至于有一块牌子上写着"俄克佬和狗不得进入"。

近三分之一的移民是教师、律师和企业主等专业人士，这说明当地整个社区都被摧毁了。

▲ 32岁的弗洛伦斯·汤普森是七个孩子的母亲,他们居无定所

将尘土裹挟到空中，形成巨大的浓云，在平原上狂奔。

"肮脏的30年代"已经开始。当"黑色风暴"到来时，人们只有闭门不出，以求安然度日。通常，楼上的窗户会成为被困者唯一的逃生出口。随着时间的推移，大自然的冲击似乎变本加厉。1932年，美国国家气象局记录了14次沙尘暴。第二年，这个数字增加到38次。1934年，一场两英里高的风暴吹到了3000千米外的东海岸，城市、国家纪念碑甚至船只都覆盖了一层厚厚的沙尘。历史上记载的最严重的风暴被称为"黑色星期天"。1935年4月的一天，大约300万吨尘土被卷入高空，遮住了太阳，使白天变成了黑夜。一则新闻报道了这一可怕事件，并首次使用"沙尘碗"（Dust Bowl）一词描述中西部受灾的各州。

对许多人来说，务农和谋生的前景正在迅速消失。在以往的好年景里，钱像蜂蜜一样流出来，但现在却颗粒无收，无钱可赚，无法偿还抵押贷款和供养他们的其他贷款。许多人由于无法谋生和支付账单，被迫选择收拾东西逃荒去了，于是美国有史以来规模最大的人口迁移就这样开始了。

并不是所有人都离开了家。据估计，占总数25%的人口，约250万至300万人选择了离开家乡，这个人口流动数量依旧惊人。他们把卡车和老爷车装得满满的，然后出发去找工作，他们不在乎工种和报酬。大多数人去了有亲人或朋友的邻州，并没有走得太远，只是希望能比留下来的日子更好过一些。这些移民并非都是农民，因为整个社区都被干旱和沙尘摧毁了，办公室职员、银行家和商店老板也逃离了。绝望的情绪感染了那些曾经收入不菲的人，而现在，他们的一切都随风而逝。

那些留下来的人拼命地想从土地上犁出点

源于灾难的灵感

艺术如何把尘暴变成小说？

一些艺术家、音乐家和摄影师将尘暴时代刻入了美国历史甚至小说中

约翰·斯坦贝克

1939年，约翰·斯坦贝克的获奖小说《愤怒的葡萄》出版，虽然是一部小说，但它源于政府官员有关农民和移民的工作实录。这本书和后来根据此书拍成的电影，以一种颇具浪漫主义的方式筑牢了人们对美国精神的信念，唤起了人们对这些事件的记忆，极大地引发了人们对遭受困境者的关注。

伍迪·盖瑟瑞

作为一名中西部的民间音乐家，伍迪·盖瑟瑞在1940年的专辑《尘暴区民谣》中讲述了尘暴中他从俄克拉何马州到加利福尼亚州的移民经历，这张专辑为他赢得了"尘暴歌手"的绰号。中西部的音乐风格随着移民而迁移到当地，影响深远。直到今天，依然可以在加利福尼亚等州听到这种音乐。

多萝西娅·兰格

多萝西娅·兰格是一名政府摄影师，她的工作是记录沙尘暴和大萧条的演变过程。她最具代表性的作品是《移民母亲》，这张照片在美国和世界广为流传，引起了人们对移民困境的关注，甚至被政府用在福利发放的宣传海报上。

▲ 有些人采取了预防吸入灰尘的措施

▲ 沙尘暴吞噬了整个城镇

儿什么来，但收效甚微，甚至让事情变得更糟；那些离开家乡的移民则发现其他地方的人和他们一样贫穷。这些移民则被当地人称为"俄克佬"（尽管并非所有人都来自俄克拉何马州），因失业率飙升，资金紧张，一些当地人同情心淡薄，鄙视这些移民，因为他们怀疑外来者抢走了本来不足的工作岗位。一位露宿街头的农民告诉当地官员："1927年，我种植棉花赚了7000美元，1931年失去了所有，1932年开始流浪。"

必须采取行动了。1933年，一位新总统带来了新希望，致力于中西部各州和整个国家的重建。富兰克林·D.罗斯福的"新政"方案直接针对大萧条产生的问题，其目标是满足人民的核心需求。人们的基本生存条件有了保障，重建国家和经济就有了坚实的基础。对于平原上的农民来说，这意味着他们得到了自己无法通过土地和牲畜获得的生存保障。政府通过立法，确保农民因休耕而获得补偿，减少粮食过剩，并将价格提高至更合理的水平。那些因风沙和干旱而变得虚弱的牲畜，由政府收购和屠宰，可以使用的牲畜被保留下来，用于贫困家庭的生产活动。

罗斯福非常清楚自己的处境，他写道："一个破坏土地的国家会毁了自己。"为防止土地受到进一步破坏，他下令实施一项大规模的植树计划，范围从加拿大边境一直延伸到得克萨斯州。这一巨大的工程旨在防风和保持水土，这对恢复土地生机至关重要。

所有这些措施都在一定程度上帮助了那些危难中的人，但沙尘暴仍在继续肆虐，不清楚有多少人因此丧生。当然，房屋

▼ 一间农舍被埋在灰尘下面，里面的人在挣扎着逃跑

绝望的情绪感染了每一个曾经收获颇丰的人，现在，他们的一切都随风而逝。

破坏也造成了人员伤亡，仅在一场风暴中就有350所房屋被毁。"粉尘性肺炎"也是一个巨大的危害。在沙尘暴期间，除了临时用的湿毛巾和毯子外，几乎没有什么防护措施可以防止人们吸入细小的灰尘颗粒。

洪水过后，这些灰尘仍然飘浮在空气中，对人和动物的肺部造成了持续的阻塞，有数百人死于这种"褐色瘟疫"。对一些人来说，这种影响几乎立竿见影，如老年人和小孩；但对另一些人来说，这是一颗在许多年后才会引爆的定时炸弹。

1939年，消失近十年的雨水又来了。许多人返回来，但并非所有人都返回，一些人则一直在路上碰运气。为促进农业的可持续发展，政府有关部门为农民提供教育，监督农民保护性使用耕地，获得了一些成功，但随着技术的发展和人口增长，从土地索取更多的想法一直诱惑着人们。对于那些不愿返回的人来说，他们将继续奋斗，直到另一场世界大战带动制造业的兴起而使劳动力需求大增时，他们才能找到工作。沙尘暴时代充满着一系列矛盾：开拓精神和美国梦得以实现，但对自然及其微妙的平衡却很少或根本没有思考和关怀。这是一个需要耐心和内在力量的时代，一个充满奋斗与失败却拒绝屈服的时代，一个不人道的时代，一个蔑视那些不受欢迎的入侵者的时代。

这至少是一个值得吸取的教训，同时也是一个警告：如果土地得不到应有的尊重，那么未来可能会功亏一篑。

▲ 罗斯福总统的新政给未来带来了新的希望

尘土飞扬,肮脏的 20世纪30年代

沙尘暴把干燥的土壤吹向高空,由此造成的健康风险把人们赶出了中西部地区。曾经利润丰厚的农场要么关闭,要么陷入困境。直到20世纪30年代末,人们才开始回归。

▲ 1943年,加利福尼亚州埃尔塞贡多的道格拉斯飞机厂,工人们正在制造SBD无畏式潜水俯冲轰炸机的发动机

"二战"的影响

第二次世界大战永远改变了
美国的命运,
并结束了大萧条。

大卫·克鲁克斯 / 文

20世纪30年代,尽管罗斯福做出种种努力,但这位美国总统仍难以对美国的失业率产生有意义的影响,1937年的最低失业率为14.18%,远高于1929年金融危机爆发前的3.14%。

实际上,在接下来的几年里,情况不断恶化。1939年9月1日,德国入侵波兰引发第二次世界大战,当时美国的失业率已达到17.05%,实际失业人数达到948万人。

然而,如果你想知道哪个国家在"二战"这场全球的血腥冲突中受益最大的话,很明显,美国是一个大大的赢家。卷入"二战"前,罗斯福决定大幅增加国防开支,这一决定有助于消除大萧条。

这种情况于1940年6月发生转变,当时德国总理阿道夫·希特勒决定入侵并占领丹麦和挪威,并对荷兰和比利时发动了闪电战。当时英国首相内维尔·张伯伦已经辞职,英国人被迫撤退

▲ 纽约州布法罗市，一名妇女在一家拥有铣床的工厂制造飞机发动机的零件

到法国敦刻尔克海岸，意大利贝尼托·墨索里尼政府加入了轴心国。

1940年6月14日，罗斯福签署了《海军扩充法案》，决定将美国海军吨位提高11%，增加国防开支，并重点发展航空母舰、潜艇和巡洋舰。6月17日，法国沦陷，美国海军作战部长哈罗德·斯塔克提出增加40亿美元，将美国海军舰队扩充70%，其中包括增加257艘战船和27架航空母舰。

1940年7月19日，又通过了85.5亿美元的海军扩建计划，即所谓的"两洋海军法案"。尽管美国于1935年宣布中立，但仍卖给英国步枪、大炮和石油。1935年中立法允许交战国从美国私人公司购买武器。另外，美国将向英国移交50艘旧驱逐舰，以换取百慕大和西印度群岛军事基地的使用权。

上述做法的结果是，美国逐渐变得不那么孤立主义了，同时也极大地促进了就业。诸如道格拉斯飞机公司、洛克希德公司、柯蒂斯-赖特公司和波音公司正在生产数以万计的军用飞机，而机枪则是由萨维奇军工、库尔特和通用汽车公司制造的。在短短13个月内，克莱斯勒就建立起了制造M3格兰特坦克的工厂。到1941年，失业人数已趋向合理。

这些数字可以说明问题：1941年，总计5753万名工人中有556万人失业，失业率为9.6%，比上一年的14.45%大幅减少，仅为1939年17.05%的一半，1939年有948万人失业；美国国防开支继续增加，1941年，美国追加108亿美元用于国防开支。

国防支出激增使数百万人的生活状况有所好转，同时也给经济带来了积极作用，尤其是在东部沿海港口地区。随着制造业产能的提高及工人数量的增加，本地的商店、酒吧等各种形式的消费和娱乐业也开始兴起。

股票市场仍变幻莫测。1940年5月，希特勒入侵法国，道琼斯工业平均指数下跌23%。1941年夏，战争形势恶化，生产也直线下降，12月8日下降了3%，次日又下降了3%。这就是为什么当时日本袭击珍珠港被当成了小事一桩。

尽管美国的国防开支有所增加，但1941年12月7日早晨，夏威夷火奴鲁鲁的海军基地遭到日本军事打击，仍令美国感到震惊。353架日本飞机从6艘航空母舰上分两批出动，袭击了美国海军的巡洋舰和驱逐舰，造成2403名美国人丧生。美国国会别无选择，只能对日本宣战，德国和意大利也因此向美国宣战，美国也迅速向两国宣战。

在美国参战的四年多的时间里，有近1600万人参战。1943年高峰时由220万名士兵组成的89个师在前线，除了一个师外，其余都参加了战斗。美国在太平洋和大西洋都派出海军，轰炸机数量庞大。美国制造的许多武器都卖给了盟国。

积极参战很重要。早在美国正式参战之前，美国作为"民主国家的军火库"向英国提供军事物资，成为盟军战争物资的主要供应者。联合飞机公司、通用电气公司、美国钢铁公司、帕卡德公司、凯泽造船厂、固特异轮胎和橡胶公司、美国无线电公司、美国电话电报公司、埃索公司、大陆汽车公司以及更多的公司都在大量生产军需用品，由于对卡车、飞机引擎、零部件、电话、收音机、汽油和石油的需求持续增长，所需工人数量也在增加。

然而，劳动力市场也出现了动态变化。1940年春天，武装部队的人数不足35万，因此，当年颁布了《选择性训练和服役法》，要求年龄在21岁至36岁之间的男子到地方征兵委员会登记。

美国参加"二战"带来了诸多影响。由于征兵年龄范围改为18岁至45岁造成男性劳动力的缺乏，更多的妇女、退休人员和学生进入就业市

▲ 珍珠港被袭后，罗斯福签署了对日战争宣言

场。虽然可参军的人数仍有数百万人，但罗斯福的战略是尽量减少地面部队的规模，以便有更多的人参与到工业生产中。这意味着，未来的家庭将不能再依赖一个人养家糊口。

工人们所做的每一项贡献都是为了恢复经济繁荣，让大萧条成为历史。美国人在很大程度上保持了乐观，这无疑是有益的。"二战"中，美国军队死亡人数为40.73万人，但平民死亡人数相对较少，相比之下，苏联有1000万平民死亡。在某些方面，美国是幸运的：国土两面都临着广阔的海洋，易守难攻；"二战"期间，民用消费增长了近15%，这有助于经济走上健康轨道，其经济方面当然要比其他盟国要好得多。

1945年8月16日，"二战"结束后的第二天，英国首相温斯顿·丘吉尔在演讲中说："此时此刻，美国正站在世界之巅。"此时的英国因战争损失巨额财富，即将进入通货紧缩时代。但是，在国防支出不再那么重要的情况下，美国是如何继续繁荣的呢？

人们曾担心，随着数以百万计的军人复

▲ 一家工厂里，两名工人将发动机安装在一辆半履带式侦察车里。怀特汽车公司的一家工厂专门转产为战时生产

员，国家经济进入民用时代，可能会重新陷入萧条。罗斯福于1945年4月12日去世，副总统哈里·S.杜鲁门接任，直到1953年卸任。他的任务是带领美国度过战后岁月，同时确保美国不再成为孤立主义国家。

当时失业人口很少，1943年，美国失业人口为107万，1944年降至67万，1945年升至104万。联邦政府雇员从1938年的83万人上升到290万人，但是杜鲁门的民主党在1946年的国会选举中损失巨大，共和党控制了参众两院。1945年至1947年，政府支出占国民生产总值的比例从42%大幅下降至14%，1948年下降至11.60%，1949年上升至14.30%，1950年又上升至15.60%。

战后，尽管许多政府雇员被解雇，战时生产委员会等机构关门，但国内生产总值（GDP）却仍然多年持续增长，从1945年的2280亿美元上升到30年后的1.7万亿美元。私营部门的蓬勃发展使就业增加。1946年的《就业法案》使美国政府在稳定经济、控制通货膨胀和失业方面承担了责任，这一政策似乎初见成效。尽管美联储（全称为美国联邦储备系统）的加息导致市场出现回调，但美国经济仍处于上行轨道。

多年来，美国失业率一直维持在个位数。1949年的失业率仅为6.6%，1957年一度低到5%。那是一个公司税较低、税收负担减轻、通货膨胀较低、私有化程度较低的时期。随着中产阶级的崛起、生产力的提高和工会的强大，美国完成了经济复苏，这是在大萧条期间谁也不曾预料到的。而此时，其他主要大国的经济却在下滑，包括英国在内。

美国逐渐变得不那么孤立主义了，同时也极大地促进了就业。

美国人的生活立刻改善了吗?

人们普遍认为,第二次世界大战虽然结束了大萧条,但它并不是一根魔杖

美国人在很多方面都为战争做好了准备。向日本投掷原子弹时,不仅国家做好了准备,而且大萧条导致的多年经济困难,也让美国人能够认真工作,不给政府添乱。

可以说,第二次世界大战唤醒了美国人,使他们把目光从所承受的众多国内问题上移开,放在国际问题上。同时,他们已经习惯的生活标准被制度化了,而这带来了更大的利益。

"二战"让更多的人有了工作。战争直接雇用了数百万人,导致劳动力供不应求。从经济角度看,缴纳收入所得税的人更多了,所得税从1940年的7%上升到1944年的64%。收入20万美元以上缴最高税率的群体的税收达到了94%。人们对银行的信心已恢复,开始存钱,战争债券也很受欢迎。

即便如此,还是有一些限制。钢、铝、铜、镍和橡胶实行定量供应,糖、肉和咖啡供应不足,人们开始寻找替代品,例如,废弃脂肪可以制造甘油。还有,在一场"胜利菜园"运动中,多达2000万户家庭在自己的小块土地上种植水果和蔬菜。人们同心协力,使美国屹立不倒。

▲ 一个男孩第一次使用他的配给证

▲ 罗斯福彻底颠覆了政府不应该干涉经济的观念，鼓舞了未来的领导人

反思

最糟糕的时代过去后,
社会和艺术界是如何反思
大萧条的?

大卫·克鲁克斯 / 文

每当经济出现低谷,人们就会马上把它与大萧条相提并论。

迄今为止,西方世界未发生如此严重的经济大萧条,无论是作为一个坏事情的预警,还是用以安慰我们今天的美好生活,始于1929年的经济衰退既是历史之锚,也是历史之警钟,在许多方面,它也是一种政治工具。

我们如今之所以能够清楚地回顾大萧条时代,要归功于当时保存的大量相关文献资料。当时的报纸详细地报道了日常生活的艰辛及成功或失败的政策,还有图片和电影,使我们得以了解当时的情况。在印刷技术发明之前,我们只能读取或通过口口相传来记录历史。

那个时代留下的最大遗产之一是:随着国家政策越来越走向干涉和保护主义,人们对联邦政府的作用深信不疑。现在几乎不会有人相信,在类似危机爆发之际,当局会坐视不理。因此,市场不可能完全自由,政府对其公民的

▲ 尽管这些观众的生活已远离那个时代，但他们仍然渴望看到由约翰·斯坦贝克的小说《愤怒的葡萄》改编的、反映大萧条时代的电影

斯坦贝克风格粗犷的小说在回顾历史转折点时，依然保留了其决定性的、令人震惊的一面。

福祉负有责任，它必须参与构建健康的经济机制。当然，2008年至2010年，当所谓的"大衰退"席卷全球时，时任美国总统奥巴马追随了富兰克林·D. 罗斯福的脚步。

为了应对大萧条，奥巴马像罗斯福之前那样增加开支，尽管周围对这项政策也有批评意见。2009年国会批准了一项据称耗资8310亿美元的经济刺激计划，就像罗斯福时代一样，虽然这导致联邦债务增加，但至少建立了消费者的信心。

这笔钱用于医疗保健、教育和延长失业救济，其中三分之一的资金用于联邦合同、贷款和补助金。当时的想法是，增加公共支出可以抵消私人支出的减少，尽管人们对这是否降低了失业率存在争议，但经济确实得到了增长。

更重要的是，罗斯福执政时期经济衰退的罪魁祸首主要是银行家，而这一次，不再有银行挤兑的问题。其中一个原因是1933年联邦存款保险公司的成立，它为最高10万美元的存款提供了保险，大多数人提取现金的动机较小。

银行挤兑并不是完全被根除了。许多存款人都是通过电子方式而非实物方式悄无声息地提取资金，这使危机更加恶化。还是有一些银行破产倒闭，2007年至2012年，联邦存款保险公司关闭了465家银行，接管了2008年破产的因迪美银行的资产。这些特殊的资产被拍卖给了IMB控股公司，后者将其变成了"西部第一银行"。

这无疑让那些曾在电影和文学等媒介中看到大萧条的人松了一口气，当时最糟糕的生活通过这些影视媒体被赤裸裸地呈现出来。

许多美国人对约翰·斯坦贝克获得普利策奖的作品《愤怒的葡萄》尤为熟悉。这部作品于1939年出版后，1940年被约翰·福特改编成好莱坞电影。小说讲述了贫困的佃农乔德一家，满怀希望地从遭受旱灾的俄克拉何马州穿越1600千米的沙漠来到加利福尼亚州，就是为缓解其经济困难。斯坦贝克这部风格粗犷的小说在回顾历史转折点时，依然保留了其决定性的、令人震惊的一面，它揭露了银行系统的不道德，称其为一个"怪物"。他试图尽可能准确地反映当时的情况，因此被称为"共产主义的铁杆支持者"，并被指控撒谎。这本书被学校和图书馆列为禁书，国会也对此不屑一顾。

斯坦贝克之前的作品《人鼠之间》也走了一条类似的路径，它反映了在农场工作的美国黑人为谋生而旅行时所遭受的歧视。然而，他并不是唯一一个对那个时代进行反思的人。1960年，哈珀·李的《杀死一只知更鸟》也以大萧条为背景，并援引人们熟知的贬损赫伯特·胡佛总统的词汇，如以其名字命名"胡佛车"等。

书中谈到排队领取面包、工业冲突以及缺钱少物的问题，但它所描述的与史实本身有较大差距，这让它随着时间的流逝更加具有反思意义。但更多的现代艺术是如何用"后见之明"来看待大萧条呢？

令人惊讶的是，很少有现代电影直接描述

▲ 厄尔·哈姆纳纳的小说《斯宾塞的山》，取材于作者的家庭在大萧条期间的经历

▲ 2010年经济衰退期间,美国总统奥巴马在白宫罗斯福厅发表演讲,敦促国会通过一项新的小企业贷款计划

大萧条。1999年的电影《绿里奇迹》采取了超自然路径;2008年的电影《凯特·基特里奇:一个美国女孩》是一部喜剧电影,背景是大萧条之后主人公的父亲失去了汽车经销商代理权,去芝加哥找工作。

鉴于大萧条出现的问题,从大萧条中吸取教训并从苦难中创造艺术的电影或许应该更加普遍,电视剧也在过去几年里弥补了一些不足。1972年至1981年播出的九季电视剧《沃尔顿一家》,取景于1933年弗吉尼亚州的农村。相亲相爱的沃尔顿一家离开土地,其表现的患难与共的精神无疑帮助许多家庭度过了最艰难的时期。

然而,电影和电视剧仍然只是表面上模仿现实生活,它反映了今天的人们也面临着同样的问题,经济失败的阴云时刻笼罩在头顶。在许多方面,这是对大萧条的一种粉饰,社会差距足以让人感觉那是来自一个完全不同的时代。作为娱乐,它的作用不是让人沮丧。

同样,由"家庭影院"(HBO)制作并在2003年至2005年播出的《嘉年华》也展现了1934年至1935年沙尘暴期间的一群狂欢旅行者,但它并没有真正深入调查。虽然尘暴区中干燥、尘土飞扬的生活环境被忠实地再现了出来,并恰如其分地反映在电影道具中,但它仍然被认为是《愤怒的葡萄》和大卫·林奇的思想的混合体。

它确实利用了当时普遍存在的情况:绝望

▲ 在2008年经济衰退的冲击下，美国的反应方式类似于80年前的罗斯福的做法

感、现存的政治紧张局势，以及为寻找工作不惜远走他乡的巨大阻力。它还将广播作为一种社会和文化力量——新闻和娱乐的主要媒体，使社会更加同质化。即便如此，对大萧条的评论和看法或许并不那么明显，毕竟这是历史背景下的虚构。

据说以大萧条为背景的小说更令人好奇。1999年克里斯托夫·保罗·柯蒂斯出版的儿童小说《巴德，而不是巴迪》，讲述了20世纪30年代孤儿们苦苦寻找家的故事，而凯伦·海瑟的《风儿不要来》则探讨了新政如何解决被沙尘暴摧毁的经济效益的问题。

这两个故事，和理查德·派克的小说《一年之遥》都让年轻人铭记在心。大萧条是给孩子们讲一个警示故事，还是让他们对美好时光心存感激？然而，如果说有一件事贯穿于许多作品之中的话，那就是受害者都是多愁善感的。

贫穷和困境确实会使人多愁善感，这些主题在艺术中也得到探索。1935年，罗斯福建立了"联邦艺术计划"，旨在培养对美国文化的自豪感。该计划通过绘画、素描和照片展现美国人日常生活的艰辛，同时也预示着一个更美好的未来。

那时开始建立的一些文化机构都表现了大萧条的主题，如西雅图艺术博物馆，其作品揭示了慈善和苦难。20世纪30年代，像李·克拉斯纳、威廉·德·克鲁宁和杰克逊·波洛克这样有才华的艺术家创作了许多作品，他们齐心协力，鼓舞士气，使美国公民在艰难时期也能培养对文化的鉴赏力。

这意味着，几十年来，艺术作为一种反思的渠道受到了重视，这归功于那些在20世纪30年代展示自己艺术实力的艺术家，其所描绘的痛苦是令人信服的。就像今天一样，艺术家们不必害怕与当时的政治情绪结盟或对抗，他们描绘了一条未来的前进之路，并让几代人有更多的时间去反省。

再现罗斯福时代

一座迷宫般的美国总统纪念公园描述了一个复杂的时期

1997年，为纪念美国第32任总统，富兰克林·D.罗斯福纪念堂在华盛顿特区揭幕。罗斯福是美国应对经济衰退的核心人物，劳伦斯·哈尔普林设计了围绕四个室外房间建造的纪念碑，描绘了大萧条时期的场景，展现了总统的代表性成就。

其中包括乔治·西格尔创作的一件令人心酸的青铜雕塑，名为《排队领面包》。雕像长2.7米，宽3.6米，表现的是五名男子在门口排队，排在第一位的是利昂·比贝尔，他在那段困难时期真的这么做了。比贝尔先生本来希望自己成为一名艺术家，但大萧条让他成了一名养鸡的农民。与此同时，设计在五大水域之一中间的是罗斯福向全国发表的温馨的"炉边谈话"，还设计了象征着经济崩溃的一大滴水。

公园的设计理念是，让游客了解这位在任时间最长的美国总统当时所面临的挑战，是从当政者的角度看时代的一种方式。它的建立是因为国会认为国家档案馆前的一个旧纪念碑不够大，不足以表示敬意。这个像迷宫一般的总统纪念公园，描绘了一个复杂的时期。

▲ 这不是罗斯福所希望的一个朴素纪念物，这个纪念场所规模庞大，展示的内容丰富多样

图片所属

6	© Getty
6	© Getty / PhotoQuest
7	© Getty / Fox Photos / Stringer
7	© Wiki / Werckmeister
8	© Getty / Hulton Archive / Stringer
9	© Getty / Print Collector
12—13	© IWM
14	© Library of Congress Prints and Photographs Division Washington, D.C
16	© LThe Joe I. Herbstman Memorial Collection of American Finance
17	© National Portrait Gallery, London
19	© Lordprice Collection / Alamy
20	© Motoring Picture Library / Alamy
22	© Granger Historical Picture Archive / Alamy
24	© Everett Collection Historical / Alamy
24	© Science History Images / Alamy
25	© Niday Picture Library / Alamy
29	© Science History Images / Alamy
30—31	© ClassicStock / Alamy
32	© Getty / MargaretBourke-White
34	© Getty / MargaretBourke-White
34	© Getty / PhotoQuest
35	© Getty / GillesPetard
35	© Getty / LibraryofCongress
36	© Getty / UnderwoodAndUnderwood
37	© Getty / Sasha / Stringer
38	© Getty / Bettmann
39	© Getty / HultonDeutsch
40	© Getty / Imagno
41	© Getty / Bettmann
41	© Getty / TopicalPressAgency / Stringer
41	© Getty / Bettmann
41	© Getty / Keystone-France
42	© Getty / Underwood Archives
44	© UnitedArchivesGmbH / Alamy
46—47	© Chronicle / Alamy
47	© AlphaHistorica / Alamy
48—49	© Getty / DE AGOSTINI PICTURE LIBRARY
54	© Getty / Keystone / Stringer
56	© Getty / Chicago History Museum
57	© Getty / Bettmann
57	© Getty / Imagno
58	© Getty / adoc-photos
59	© Getty / George Rinhart
62	© Glasshouse Images / Alamy
64	© ClassicStock / Alamy
65	© Niday Picture Library / Alamy
66	© Granger Historical Picture Archive / Alamy
67	© Getty / ullstein bild Dtl.
68—69	© Getty / Bettmann
70—71	© Getty / Topical Press Agency / Stringer
72	© Getty / Icon Communications
73	© Everett Collection Inc / Alamy
74	© Getty / Tim Gidal / Stringer
75	© Lordprice Collection / Alamy
76	© Getty / Hulton Deutsch
77	© Getty / Bettmann
78	© Chuck Nacke / Alamy
80	© Everett Collection Historical / Alamy
82	© National Photo Company
85	© World History Archive / Alamy
86	© Getty / Bettmann
87	© Granger Historical Picture Archive / Alamy
88	© Getty / Bettmann
89	© Everett Collection Inc / Alamy
90—91	© Everett Collection Historical / Alamy
96—97	© Look and Learn
98—99	© Everett Collection Historical / Alamy
100	© Getty / Fox Photos / Stringer
100	© Granger Historical Picture Archive / Alamy
103	© Glasshouse Images / Alamy
103	© Getty / MPI / Stringer
104—105	© Everett Collection Historical / Alamy
106—107	© Getty / Topical Press Agency / Stringer
107	© ScienceHistoryImages / Alamy
109	© Getty
110—111	© Getty / Keystone / Stringer
113	© Rex Features; Alamy
114—115	© World History Archive / Alamy

117	© Chronicle / Alamy
118	© GrangerHistoricalPictureArchive / Alamy
120—121	© INTERFOTO / Alamy
122	© Getty / Pictorial Parade
123	© Getty / Imagno
125	© Getty / Imagno
126—127	© Getty / Hulton Archive
128	© Getty / AFP / Stringer
129	© Wiki / Will O'Neil
130	© Getty / Hulton Archive / Stringer
132	© Wiki / State Library of South Australia
132	© Getty / Fairfax Media
134	© Pictorial Press Ltd / Alamy
138	© Getty
143	© Corbis; Alamy
149	© Getty, Alamy, Thinkstock
150	© Getty / New York Daily News
152	© Getty / Bettmann
153	© Getty / Bettmann
154	© Getty / Bettmann
154	© Getty / PhotoQuest
155	© Getty / PhotoQuest
156—157	© Getty Images / Joseph Scherschel
159	© Getty Images
160	© Alamy
161	© Alamy
163	© Getty Images
164—165	© Getty / PhotoQuest
166—167	© Getty
168	© Getty / Bettmann
169	© Getty / Bettmann
174	© Getty / Lambert
175	© Getty / CBS Photo Archive
176	© Getty / Pool
177	© Getty / Photo 12
178	© Getty / The Washington Post